ちくま文庫

英絵辞典

目から覚える6000単語

岩田一男
真鍋博

筑摩書房

英絵辞典

目から覚える 6000 単語

岩田一男　真鍋博

本文レイアウト　倉地亜紀子

まえがき

英語を学んでいる人や、学んだことのある人なら、だれでも「英和辞典」と「和英辞典」を持っているはずです。ところが、この二つの辞典に不便を感じることはありませんか。

たとえば、「美しい婦人が、Pomeranianを連れて散歩していた。」という英文があるとしましょう。このPomeranianがわからないので、「英和辞典」を引くと、「犬の一種」としか出ていません。これではどんな犬なのか、さっぱりイメージがわかないでしょう。

そこで、この『英絵（えいえ）辞典』を引くと、Pomeranianとは、小さなむくむくした犬ということがわかります。これでやっと、美しい婦人が、かわいいむく犬を連れて歩いている光景が、目に浮かびます。このように、英文を読んでイメージがわくようになれば、あなたの解釈力は、ぐんとつくはずです。

また、「和英辞典」を引くときによくぶつかる難問が、「調べたい単語を、日本語でどう言うのかわからない」ということです。たとえば、「ええと、窓につけるスダレみたいな、ヒモで調節して部屋を明るくしたり暗くしたりするもの、あれ、なんていったっけ……」。こんな経験は、あなたにも、きっとあると思います。正確な日本語を思い出すか、「百科事典」でも調べないかぎり、

「和英辞典」を引くことは不可能です。

こういうとき、この『英絵辞典』を見てください。ひと目で、Venetian blind とわかります。日本語を思い出したり、図鑑を見る手間と時間をかけるくらいなら、その間に、一つでも英単語を覚えたほうが、どれだけ得になることか。

これでおわかりのように、この本は、「英和辞典」、「和英辞典」の欠陥を補うために作られた、日本で初めての本です。あなたが持っている「英和」と「和英」に、この『英絵』を加えてください。そうすれば、あなたの英語は、完璧になることうけあいです。

この本は、単語を ABC 順に並べるのでなく、「教室」とか、「病院」とか、「野球場」とか、実際生活の場面 205 を設定し、各項に 30 ずつ、合計 6000 余の単語を収録しました。中学・高校の必須単語には、こだわっていません。現代日本の社会生活に密着したものを選びました。

この種の本は、さし絵一つで決まります。現代日本のイラストレーションの第一人者、真鍋博さんのご協力を得たことは、大きな喜びです。

昭和 43 年 12 月 1 日

岩田一男

[この本の使い方]

★知りたい英単語を調べるとき……たとえば、「かぼちゃ」という単語を知りたいとします。まず、「かぼちゃ」があるところを考えます。それは「八百屋」です。目次で八百屋をさがしますと66ページと記されています。そこで66ページを開くと、「かぼちゃ」を売っています。その番号は4です。次ページの4を見れば、pumpkinとわかります。

★英和辞典では実物のイメージが浮かばないとき……英和辞典ではPomeranian→犬の一種のようになっていますが、これではイメージがさっぱり浮かびません。そんなとき、上記と同じ要領で「犬屋」(82〜83ページ)を見ます。そして、右の英単語の中から18のPomeranianを見つけ、その番号によって左の絵からさがせば、どんなものかわかります。

★日本語でなんと言うかわからない英単語を調べるとき……「窓につけるスダレみたいな、ヒモで調節して部屋を明るくしたり暗くしたりするもの。」なんて言わなくても、それがあるところを考えます。それは窓についているから、「家」(16〜17ページ)を見ます。ひと目で24のVenetian blindとわかります。

Dr. Martin Janal と Dr. Lois Lydens に
表記の確認や一部の単語の改訂について
ご協力いただきました。

英語監修　マーティン・ジャナル
編集協力　真鍋真

HOUSE

家

1
W
S
N
E
2
3
4
5
6
7
8
9
10
11
12
13
14
15
16
17
18
19
20
21
22
23
24
25
26
27
28
29
30

1	weathercock [wéðəkɑk]	16	doorknob [dɔ́ənɑb]
2	ridge [ridʒ]	17	door
3	roof [ru:f]	18	front step
4	attic [ǽtik]	19	flower garden
5	wall	20	gate
6	window	21	tile
7	window frame	22	chimney [tʃímni]
8	windowpane [wíndoupein]	23	drain pipe
9	shutters	24	Venetian blind [viní:ʃən bláind]
10	eaves [i:vz]	25	fence
11	garage [gərɑ́:ʒ]	26	screen
12	mailbox	27	dryingarea
13	name plate	28	clothesline
14	porch lamp	29	kitchen garden
15	knocker [nɑ́kə]	30	doghouse

GARDEN

庭

1
2
3
4
5
6
7
8
9
10
11
12
13
14
15
16
17
18
19
20
21
22
23
24
25
26
27
28
29
30

1	hedge [hedʒ]	16	birch broom
2	garden parasol [pǽrəsɔ:l]	17	grass shears
3	summer house	18	lawnmower [-móuə]
4	garden light	19	sprayer [spréiə]
5	pergola [pə́:gələ]	20	sprinkler [spríŋklə]
6	deckchair [déktʃɛə]	21	lawn [lɔ:n]
7	garden wicket [wíkit]	22	crazy pavement [kréizi]
8	shrub [ʃrʌb]	23	potted plant [pɑ́tid]
9	garden ladder [lǽdə]	24	hydroponics
10	wheelbarrow [hwí:lbærou]	25	watering can [wɑ́təriŋ kǽn]
11	round bed	26	riddle
12	hoop edging [hu:p]	27	scoop [sku:p]
13	hothouse [hɑ́thaus]	28	flower bed
14	steppingstone	29	pond
15	shears [ʃiəz]	30	fountain

BEDROOM

寝室

1
2
3
4
5
6
7
8
9
10
11
12
13
14
15
16
17
18
19
20
21
22
23
24
25
26
27
28
29
30

1	**headboard** [hédbɔ:d]	16	**jug** [dʒʌg]
2	**bolster** [bóulstə]	17	**portable radio** [pɔ́:təbl réidiou]
3	**pillow**	18	**nightstand**
4	**pillow slip**	19	**couch** [kautʃ]
5	**mattress**	20	**wardrobe** [wɔ́:droub]
6	**bedstead** [bédsted]	21	**hanger** [hǽŋə]
7	**sheets**	22	**curtain rod** [rɑd]
8	**blanket** [blǽŋkit]	23	**curtain**
9	**bedspread** [bédspred]	24	**curtain trimming**
10	**bedside bench**	25	**lace curtain** [leis]
11	**slippers**	26	**writing desk**
12	**footboard** [fútbɔ:d]	27	**chair**
13	**bedpost** [bédpoust]	28	**stool**
14	**night lamp**	29	**dressing table**
15	**lampshade**	30	**mirror**

LIVING ROOM

居間

1	home bar	16	armchair
2	chair throw [θrou]	17	tiger skin rug
3	cushion	18	footstool [fútstu:l]
4	settee [setí:]	19	lap rug [rʌg]
5	coffee table	20	carpet
6	table runner	21	floor lamp
7	centerpiece	22	frame
8	deer antlers [ǽntləz]	23	portrait [pɔ́:trit]
9	vase [veis]	24	rocking chair
10	mat	25	corner shelves
11	poker [póukə]	26	magazine rack [ræk]
12	mantel clock	27	cabinet
13	mantelpiece [mǽntlpi:s]	28	folding table
14	fireplace [fáiəpleis]	29	tablecloth
15	grate [greit]	30	table-flap

BATHROOM

浴室

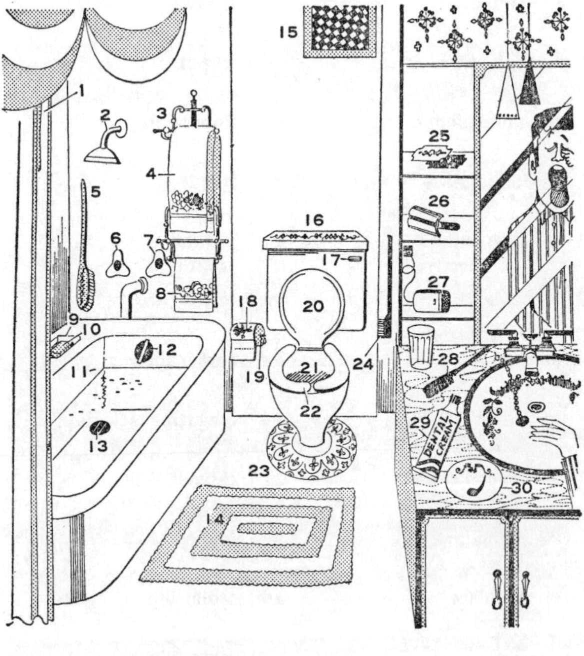
1
2
3
4
5
6
7
8
9
10
11
12
13
14
15
16
17
18
19
20
21
22
23
24
25
26
27
28
29
30
DENTAL CREAM

1	**vinyl curtain** [váinil]	16	**water tank**
2	**showerhead**	17	**handle**
3	**towel rail** [táuəl reil]	18	**toilet paper holder**
4	**bath towel**	19	**toilet roll**
5	**back brush**	20	**stool lid**
6	**hot-water faucet** [fɔ́:sit]	21	**close stool**
7	**water faucet**	22	**stool seat**
8	**towel**	23	**pedestal mat** [pédistəl]
9	**soap stand** [soup]	24	**lavatory brush** [lǽvətəri]
10	**soap**	25	**razor blade** [réizə]
11	**bathtub** [bǽθtʌb]	26	**safety razor** [séifti]
12	**change-lever**	27	**electric razor** [iléktrik]
13	**stopper** [stápə]	28	**toothbrush** [tú:θbrʌʃ]
14	**bath mat**	29	**toothpaste** [peist]
15	**ventilator** [véntileitə]	30	**washbasin**

STUDY

勉強部屋

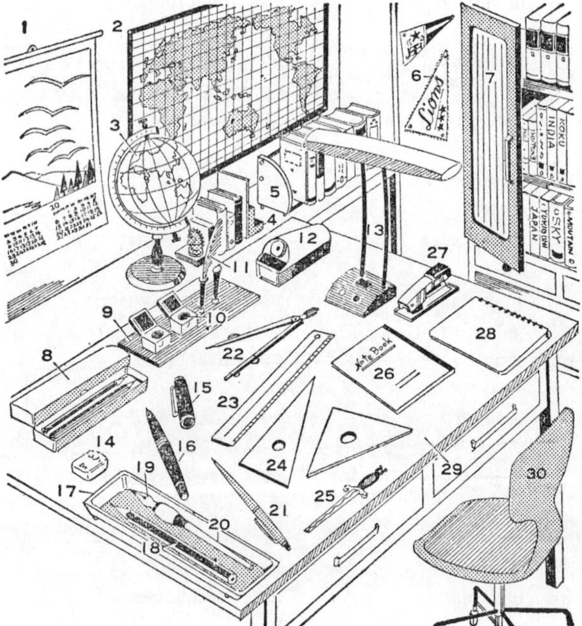
1
2
3
4
5
6
7
8
9
10
11
12
13
14
15
16
17
18
19
20
21
22
23
24
25
26
27
28
29
30
Lions
INDIA
KOKU
JAPAN

1	calendar [kǽlində]	16	fountain pen
2	world map	17	pen tray [trei]
3	globe [gloub]	18	pencil
4	book ends	19	nib
5	bookstand	20	penholder
6	pennant [pénənt]	21	ballpoint pen
7	bookcase	22	compasses [kʌ́mpəsiz]
8	pencil case	23	ruler
9	inkstand [iŋkstænd]	24	triangle
10	ink	25	letter knife
11	quill pen [kwil]	26	notebook
12	pencil sharpener [pénsl ʃɑ́:pnə]	27	stapler [stéiplə]
13	desk lamp	28	looseleaf notebook [lú:sli:f]
14	eraser [iréisə]	29	writing desk
15	cap	30	swivel chair [swívl]

DINING ROOM

食堂

1	sideboard [sáidbɔ:d]	16	coffee pot
2	dining chair	17	candle
3	dining table	18	candlestick [kǽndlstik]
4	knife	19	serving trolley [trɑ́li]
5	fork [fɔ:k]	20	thermos
6	spoon [spu:n]	21	caster [kǽ:stə]
7	plate	22	cube sugar [kju:b]
8	eggcup	23	sugar tongs [tɔ:ŋz]
9	finger bowl [boul]	24	sugar bowl
10	tablecloth	25	dish
11	coffee cup	26	butter container
12	saucer [sɔ́:sə]	27	butter knife
13	coffee spoon	28	milk pitcher [pítʃə]
14	napkin [nǽpkin]	29	bread basket
15	glass	30	casserole [kǽsəroul]

KITCHEN

台所①

1
2
3
4
5
6
7
8
9
10
11
12
13
14
15
16
17
18
19
20
21
22
23
24
25
26
27
28
29
30

1	ventilator [véntileitə]	16	work-table
2	ventilation fan	17	dish-towel
3	cupboard [kʌ́bəd]	18	faucet
4	water heater	19	faucet
5	microwave oven	20	sink
6	freezer [frí:zə]	21	drain
7	refrigerator [rifrídʒəreitə]	22	garbage can [gá:bidʒ kǽn]
8	washing machine	23	blender
9	wringer [ríŋə]	24	coffee maker
10	wash basket	25	canister
11	bucket [bʌ́kit]	26	table cooker
12	gas range [gæs reindʒ]	27	toaster [tóustə]
13	gas cock	28	swivelling faucet [fɔ́:sit]
14	grate	29	oven mitt [ʌ́vn]
15	gas oven [ʌ́vn]	30	island counter [áilənd]

KITCHEN

台所②

1
2
3
4
5
6
7
8
9
10
11
12
13
14
15
16
17
18
19
20
21
22
23
24
25
26
27
28
29
30

1	**rolling pin**	16	**saucepan** [sɔ́:spæn]
2	**turner/spatula**	17	**potato peeler** [pətéitou]
3	**ladle** [laidl]	18	**can opener** [óupnə]
4	**skimmer** [skímə]	19	**pot**
5	**strainer** [stréinə]	20	**lemon squeezer**
6	**whisk** [hwisk]	21	**grater**
7	**frying pan** [fráiŋ pæn]	22	**pan** [pæn]
8	**plate rack**	23	**jar**
9	**kitchen knife**	24	**measuring cup**
10	**bread knife**	25	**tray**
11	**carving fork**	26	**salad bowl** [sǽləd boul]
12	**icing knife**	27	**spit**
13	**stockpot**	28	**spout** [spaut]
14	**pan-lid** [pǽn-lid]	29	**bail** [beil]
15	**electric mixer**	30	**kettle** [kétl]

NURSERY
保育所

1
2
3
4
5
6
7
8
9
10
11
12
13
14
15
16
17
18
19
20
21
22
23
24
25
26
27
28
29
30

1	bunk bed [bʌŋk]	16	colored paper
2	safety belt	17	picture book
3	ladder	18	small chest of drawers
4	walker	19	dressing table
5	toddler [tádlə]	20	pacifier
6	bar	21	nursing bottle
7	high chair	22	toy car
8	baby swing	23	tumbler [tʌ́mblə]
9	crib [krib]	24	toy box
10	carry-cot	25	doll
11	closestool	26	weighing beam
12	cradle	27	bunting [bʌ́ntiŋ]
13	nursery chair [nə́:səri]	28	sketchbook [skétʃbuk]
14	playpen	29	crayon [kréiən]
15	pail	30	dollhouse

TOOL ROOM

道具部屋

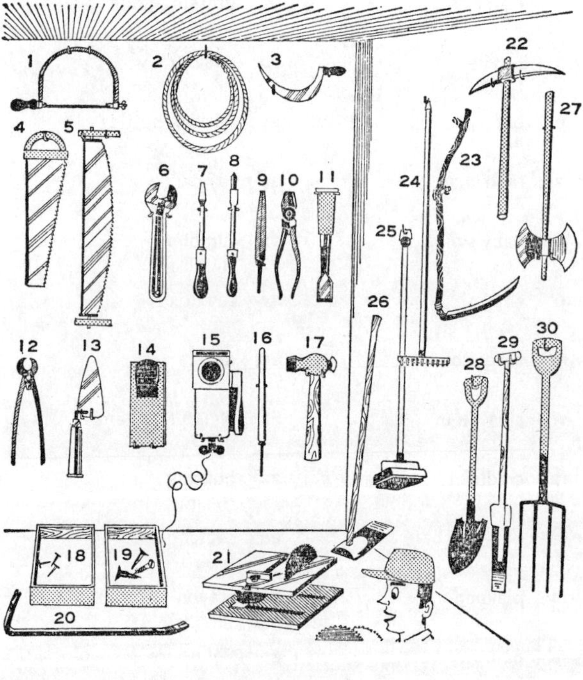

1	scroll saw [skroul sɔ:]	16	gimlet
2	rope	17	hammer
3	reaping-hook [rí:piŋ-huk]	18	nail
4	saw [sɔ:]	19	screw
5	pitsaw [pítsɔ:]	20	nail puller
6	wrench	21	electric saw
7	screwdriver [skrú:draivə]	22	pick
8	soldering iron [sáldəriŋ áiən]	23	scythe [saið]
9	sawfile [sɔ́:fail]	24	rake
10	pliers	25	mop
11	chisel [tʃízl]	26	hoe [hou]
12	nipper	27	ax [æks]
13	trowel [tráuəl]	28	shovel [ʃʌ́vl]
14	plane	29	spade
15	electric plane	30	pitchfork

BABY CLOTHES

ベビー服店

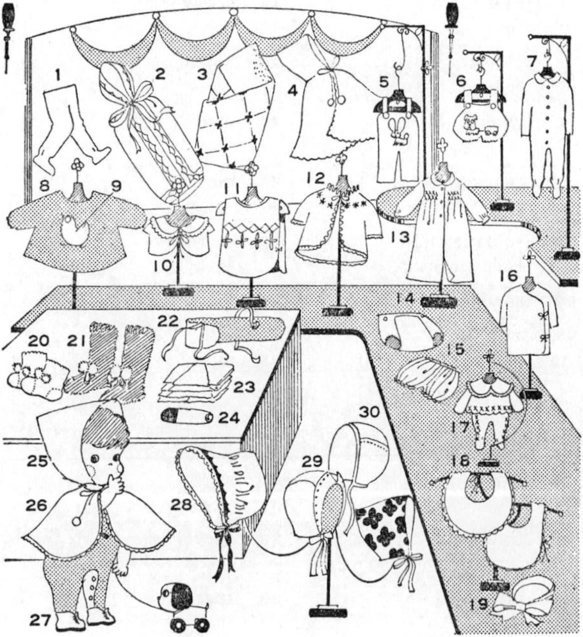

1	**leggings** [légiŋz]	16	**underwear shirt**
2	**sleeping bag**	17	**ensemble** [ɑ:nsɑ́mbl]
3	**baby wrapper**	18	**bib**
4	**hooded cape**	19	**baby's sash**
5	**overall** [óuvərɔ:l]	20	**booties**
6	**creepers**	21	**baby's stockings**
7	**sleepers**	22	**belly-band**
8	**pinafore** [pínəfɔə]	23	**diaper**
9	**appliqué** [æplikéi]	24	**diaper pin**
10	**bolero** [bəlɛ́:rou]	25	**hood** [hud]
11	**poncho** [pɑ́ntʃou]	26	**cape**
12	**coat**	27	**baby's shoes**
13	**dress**	28	**laced bonnet** [leist]
14	**diaper cover** [dáiəpə]	29	**baby's bonnet** [bɑ́nit]
15	**bloomers** [blú:məz]	30	**biggin** [bígin]

CHILDREN'S WEAR

子供服店

1	**suspender skirt**	16	**jumper**
2	**pleated skirt** [plí:tid]	17	**hooded three-quarter coat**
3	**jumper skirt**	18	**mitten** [mítn]
4	**culottes** [kjulɑ́ts]	19	**knee sock** [ní: sɑ́k]
5	**suspenders**	20	**sailor suit**
6	**shorts**	21	**playsuit** [pléisu:t]
7	**smock** [smɑk]	22	**snowsuit** [snóusu:t]
8	**cape coat**	23	**kneecap** [ní:kæp]
9	**overcoat**	24	**jeans**
10	**onepiece**	25	**nightdress**
11	**combination** [kɑmbinéiʃən]	26	**overblouse** [óuvəblauz]
12	**overall** [óuvərɔ:l]	27	**children's dress**
13	**patch pocket** [pǽtʃ pɑ́kit]	28	**parka hood** [pɑ́:kə hud]
14	**rompers** [rɑ́mpəz]	29	**pullover** [púlouvə]
15	**elbow-patch**	30	**aloha shirt** [ɑ:lóuhɑ:]

UNDERWEAR
下着店

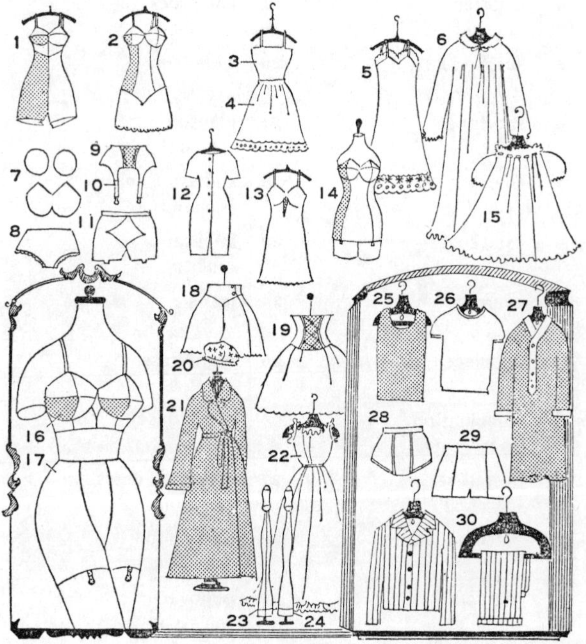

1	chemiloon [ʃemilú:n]	16	brassière [brəzíə]
2	all-in-one-corsage [kɔ:sɑ́:ʒ]	17	girdle
3	camisole [kǽmisoul]	18	granny pants
4	petticoat [pétikout]	19	waist-nipper [weist-]
5	lingerie [lǽnʒəri:]	20	nightcap
6	negligee [négli:ʒei]	21	dressing gown [gaun]
7	bust form	22	nightdress
8	underpants	23	stocking
9	garter [gɑ́:tə]	24	seamless stocking [sí:mlis]
10	garter belt	25	muscle shirt [mʌ́sl]
11	pantie-girdle [pǽnti-gə́:dl]	26	undershirt
12	combination	27	night shirt
13	slip	28	briefs [bri:ʃs]
14	corselet [kɔ́:slit]	29	boxer shorts
15	baby doll	30	pajamas [pədʒɑ́:məz]

DRESS STORE

婦人服店①

1	**divided skirt** [diváidid]	16	**cocktail dress** [kɑ́kteil]
2	**tunic skirt** [tjú:nik]	17	**evening dress**
3	**overskirt**	18	**cape dress**
4	**inverted skirt**	19	**fur coat**
5	**full skirt**	20	**apron dress** [éiprən]
6	**ruffle skirt** [rʌ́fl]	21	**suit**
7	**Bermuda shorts** [bə:mjú:də]	22	**reversible coat** [rivə́:sibl]
8	**pleated skirt** [plí:tid]	23	**boa** [bóuə]
9	**trumpet skirt**	24	**cardigan** [kɑ́:digən]
10	**wraparound skirt**	25	**flounced dress** [flaunst]
11	**yoke skirt** [jouk]	26	**shirt dress**
12	**tiered skirt** [tiəd]	27	**shirt blouse** [blauz]
13	**slacks**	28	**weskit** [wéskit]
14	**shift skirt/pencil skirt**	29	**topper coat** [tɑ́pə]
15	**mini skirt**	30	**shoulder cape**

DRESS STORE

婦人服店②

1	**block stripe** [blɑ́k strɑ́ip]	16	**stitch** [stitʃ]
2	**pencil stripe**	17	**pin tack**
3	**herringbone** [hériŋboun]	18	**pleat** [pli:t]
4	**glen check** [glén tʃék]	19	**drape**
5	**tartan check** [tɑ́:tən]	20	**trimming**
6	**windowpane** [wíndoupein]	21	**scallop** [skɑ́ləp]
7	**hound's tooth**	22	**hook** [huk]
8	**polka dots** [polkə dɑt]	23	**button** [bʌ́tn]
9	**block check**	24	**zipper** [zípə]
10	**oatmeal** [óutmi:l]	25	**lace**
11	**collar** [kɑ́lə]	26	**frill** [fril]
12	**sleeve** [sli:v]	27	**smocking**
13	**martingale** [mɑ́:tiŋgeil]	28	**gathers** [gǽðəz]
14	**pocket**	29	**dart**
15	**slit**	30	**tuck** [tʌk]

DRESS STORE

婦人服店③

1	dress form	16	pinking shears
2	adjustable form [ədʒʌ́stəbl fɔ́:m]	17	tracing wheel
3	sewing machine [sóuiŋ]	18	nippers
4	cutter [kʌ́tə]	19	chisel [tʃízl]
5	cutting table	20	spool [spu:l]
6	pattern	21	eyelet [áilit]
7	ironing board [áiən]	22	thimble [θímbl]
8	iron	23	chalk [tʃɔ:k]
9	electric scissors [sízəz]	24	square
10	shoulder pad	25	perforator
11	skirt marker	26	tracing spatula [tréisiŋ spǽtjulə]
12	shears [ʃiəz]	27	thread [θred]
13	tape measure	28	sewing needle
14	sleeveboard	29	pin cushion
15	curve-measure	30	marking pin

TAILOR'S SHOP

紳士服店

1	tuxedo [tʌksí:dou]	16	belt loop
2	blazer [bléizə]	17	tuck
3	shirt	18	center vent [vent]
4	shirt collar	19	cuffless
5	polo shirt [póulou]	20	sack coat
6	sport shirt	21	lapel [ləpél]
7	Eton jacket [í:tn dʒǽkit]	22	side vent
8	vest [vest]	23	flap pocket [flæp]
9	double breasted jacket	24	ornamental button
10	duster	25	pants
11	trench coat	26	double cuff
12	chesterfield [tʃéstəfi:ld]	27	shorts
13	raglan [rǽglən]	28	morning coat
14	overcoat	29	swallow-tailed coat
15	surcoat [sə́:kout]	30	riding coat

ACCESSORIES

装飾店①

1	**hairband** [hέəbænd]	16	**neckerchief** [nékətʃif]
2	**earring** [íəriŋ]	17	**rosary** [róuzəri]
3	**ribbon**	18	**lace handkerchief**
4	**bracelet** [bréislit]	19	**ornamental glasses**
5	**stole**	20	**wallet** [wɑ́lit]
6	**belt**	21	**purse** [pə:s]
7	**anklet** [ǽnklit]	22	**hand mirror**
8	**scarf**	23	**compact** [kɑ́mpækt]
9	**ribboned hairband**	24	**cosmetics case**
10	**bouquet** [bu:kéi]	25	**cameo** [kǽmiou]
11	**lace gloves**	26	**pin**
12	**gauntlet** [gǽntlit]	27	**necklace** [néklis]
13	**ear drop**	28	**pendant**
14	**hair clasp**	29	**ring**
15	**ornamental pin**	30	**locket** [lɑ́kit]

ACCESSORIES

装飾店②

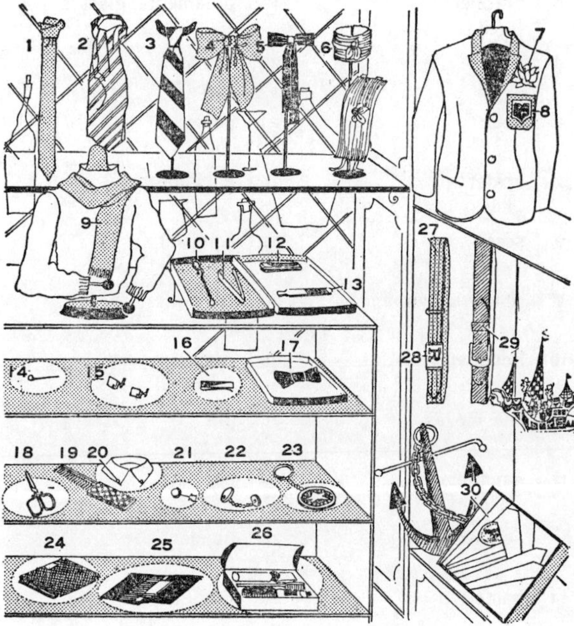

1	necktie [néktai]	16	tie-clip
2	ascot tie [ǽskət]	17	bow tie [bou]
3	pre-tied tie	18	nail scissors [sízəz]
4	Elbert Hubbard tie	19	comb [koum]
5	western tie [wéstən]	20	collar stud [stʌd]
6	stock tie	21	tie-tack
7	boutonniere [bu:tənjɛ́ə]	22	cuff-link
8	crest	23	key holder
9	muffler [mʌ́flə]	24	pocketbook
10	earpick [íəpik]	25	card-case
11	tweezers [twí:zəz]	26	shoeshine kit [ʃú:ʃain]
12	nail clipper	27	belt
13	file	28	buckle
14	tie-pin	29	belt clasp
15	button cuff-links	30	pocket handkerchief

HAT STORE

帽子店①

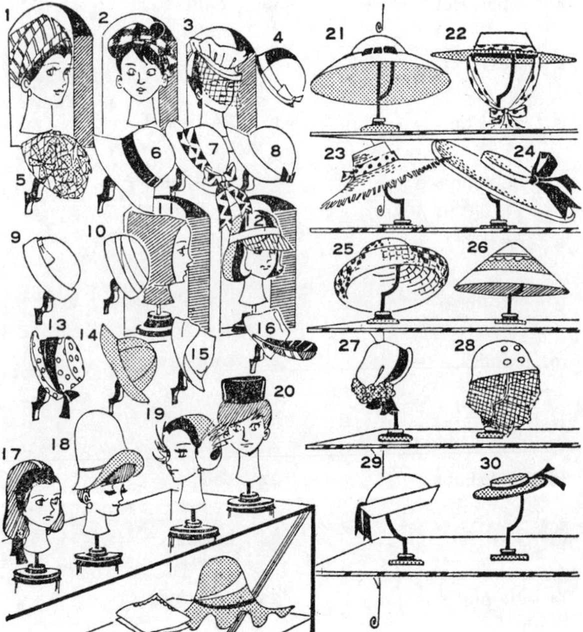

1	turban [tə́:bən]	16	Peter Pan hat
2	beret [bəréi]	17	snood [snu:d]
3	chou hat [ʃú: hǽt]	18	Breton [brétən]
4	cap	19	cocktail hat
5	Juliet cap [dʒú:liət]	20	toque [touk]
6	cloche [klouʃ]	21	mushroom hat [mʌ́ʃru:m]
7	bow hat [bou]	22	cartwheel
8	bonnet [bɑ́nit]	23	straw hat [strɔ:]
9	roller	24	capeline [kǽplin]
10	skull-cap	25	Casablanca [kɑ:səblɑ́:ŋkə]
11	hood [hud]	26	coolie hat [kú:li]
12	sunshade	27	cache-chignon [kǽʃ -ʃínjɑn]
13	postilion hat [pɑstíljən]	28	casque [kæsk]
14	rain hat	29	sailor hat
15	Dutch hat [dʌtʃ]	30	canotier [kɑ́nətjə]

HAT STORE

帽子店②

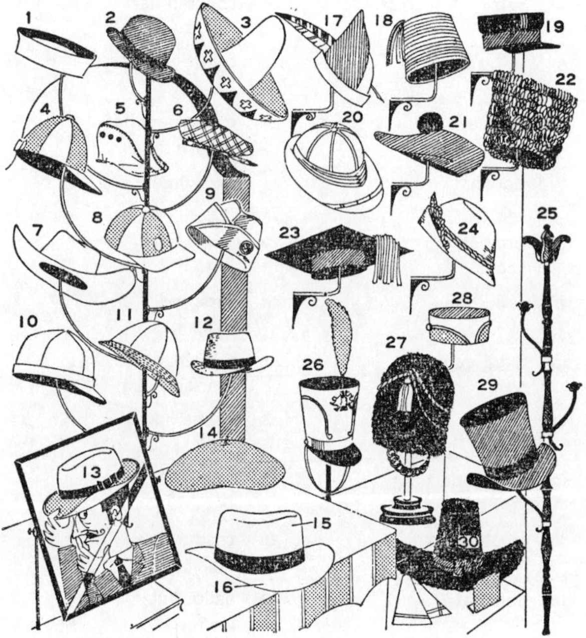

1	gob hat [gɑb]	16	brim [brim]
2	Derby [dɑ́:bi]	17	Robin Hood hat [rɔ́bin hud]
3	sombrero [sɑmbrέ:rou]	18	fez [fez]
4	jockey cap [dʒɑ́ki]	19	kepi [képi]
5	golf hat	20	topee [tóupi:]
6	hunting cap	21	tam-o'-shanter [tǽmə-ʃǽntə]
7	cowboy hat	22	Cossack cap [kɑ́sæk]
8	baseball cap	23	college cap
9	overseas cap	24	Tirolian hat [tiróuliən]
10	Eton cap [í:tn]	25	hat-stand
11	fatigue hat [fətí:g]	26	shako [ʃǽkou]
12	Panama hat [pǽnəmɑ:]	27	bearskin [bέəskin]
13	homburg [hɑ́mbə:g]	28	bellboy cap
14	Basque beret [bǽsk bəréi]	29	silk hat
15	crown	30	Puritan hat [pjú:ritən]

SHOE STORE

靴屋①

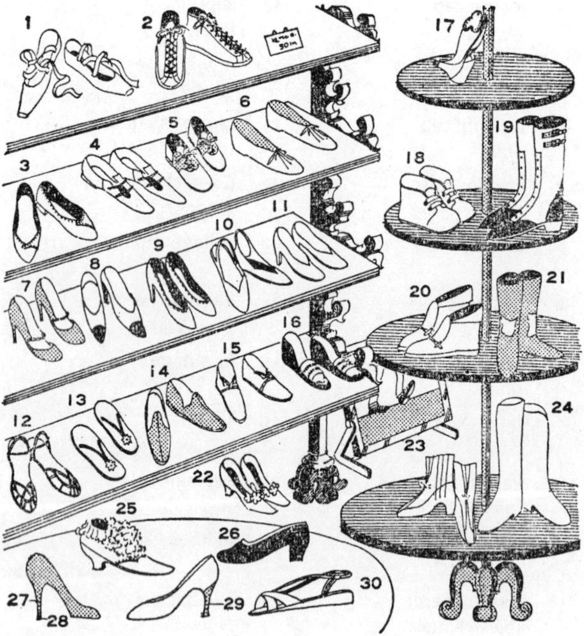

1	ballet shoes [bǽlei]	16	clogs [klɑgz]
2	sneakers [sní:kəz]	17	tap shoe
3	cutter shoes [kʌ́tə]	18	booties [bú:tiz]
4	strap shoes [stræp]	19	top boots
5	saddle shoes [sǽdl]	20	ankle boots
6	low shoes	21	half boots
7	strap pumps [pʌmps]	22	decorative boots [dékərətiv]
8	open-toe shoes [óupn-tou]	23	overshoes
9	scallop pumps [skáləp]	24	rain boots
10	informal pumps	25	Louis XV heel [lú:i]
11	plain pumps	26	commonsense heel
12	sandals	27	spike heel
13	beach sandals	28	top lift
14	Juliet [dʒú:liət]	29	French heel
15	espadrille [espadrí:j]	30	low heel

SHOE STORE

靴屋②

1	Wellington boots [wéliŋtən]	16	sabot [sǽbou]
2	cowboy boots	17	backstrap
3	lace-boots	18	quarter
4	work shoes	19	tongue [tʌŋ]
5	blucher [blú:kə]	20	upper
6	tennis shoes	21	vamp [væmp]
7	balmoral [bælmɑ́rəl]	22	sole [soul]
8	golf shoes	23	shoe tree
9	scrippers [skrípəz]	24	shoe brush
10	spiked shoes	25	shoestring
11	moccasin shoes [mɑ́kəsin]	26	shoe polish
12	plain-toe casuals [kǽʒuəlz]	27	shoehorn
13	slip-on casuals	28	insole [insoul]
14	wing-top casuals	29	lotion cream
15	mesh [meʃ]	30	hobnail [hɑ́bneil]

FRUIT STORE

果物屋

1	coconut	16	gooseberry [gú:sberi]
2	mangosteen [mǽŋgəsti:n]	17	cherry
3	mango [mǽŋgou]	18	walnut [wɔ́:lnət]
4	papaya [pəpɑ́:jə]	19	watermelon
5	breadfruit	20	banana [bənɑ́:nə]
6	durian [dú:riən]	21	grape
7	pineapple	22	pomegranate [pɑ́mgrænit]
8	grapefruit	23	strawberry [strɔ́:beri]
9	orange	24	chestnut
10	melon	25	apple
11	muskmelon	26	persimmon [pə:símən]
12	pear [pɛə]	27	peach
13	lemon	28	loquat [lóukwæt]
14	fig [fig]	29	tangerine [tǽndʒəri:n]
15	Chinese orange	30	apricot [éiprikɑt]

VEGETABLE SHOP

八百屋

1	**butterbur** [bʌ́təbə:]	16	**arrowhead** [ǽrouhed]
2	**lotus root** [lóutəs]	17	**broad bean** [bi:n]
3	**radish** [rǽdiʃ]	18	**French bean** [frentʃ]
4	**pumpkin** [pʌ́mpkin]	19	**peas** [pi:z]
5	**corn**	20	**peanut** [pí:nʌt]
6	**onion** [ʌ́njən]	21	**turnip** [tə́:nip]
7	**burdock** [bə́:dɑk]	22	**carrot** [kǽrət]
8	**Chinese cabbage**	23	**tomato** [təméitou]
9	**cabbage** [kǽbidʒ]	24	**eggplant**
10	**cauliflower** [kɔ́:liflauə]	25	**cucumber** [kjú:kəmbə]
11	**parsley** [pɑ́:sli]	26	**bell pepper**
12	**celery** [séləri]	27	**sweet potato**
13	**lettuce** [létəs]	28	**potato** [pətéitou]
14	**spinach** [spínitʃ]	29	**mushroom** [mʌ́ʃru:m]
15	**asparagus** [əspǽrəgəs]	30	**taro** [tɑ́:rou]

BUTCHER SHOP

肉屋①

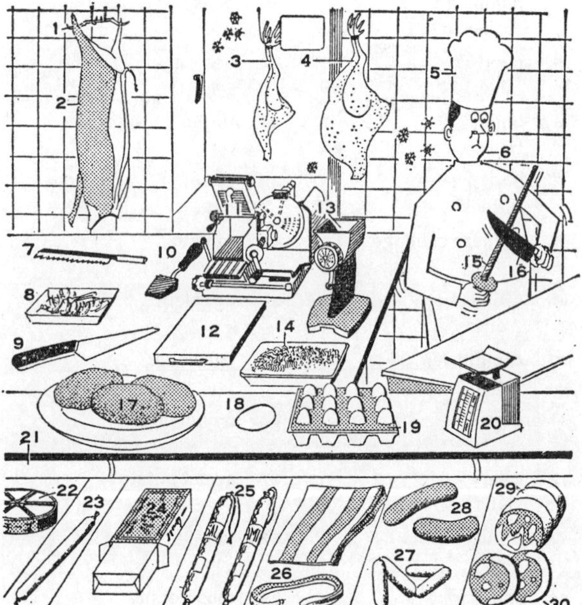

1	hanging hook	16	carving knife [kɑ́:viŋ]
2	pork	17	croquette [kroukét]
3	chicken [tʃíkin]	18	egg
4	turkey [tə́:ki]	19	egg case
5	butcher's cap [bútʃə]	20	balance
6	butcher	21	deep freezer
7	bone saw	22	cheese [tʃi:z]
8	soupbone [sú:pboun]	23	stick cheese
9	pointed knife	24	butter
10	meat iron	25	salami [səlɑ́:mi]
11	meat chopper [tʃɔ́pə]	26	bacon
12	chopping board	27	Vienna sausage [viénə]
13	meat grinder [gráində]	28	frankfurter [frǽŋkfətə]
14	ground meat	29	ham [hæm]
15	steel	30	ham slice [slais]

BUTCHER SHOP

肉屋②

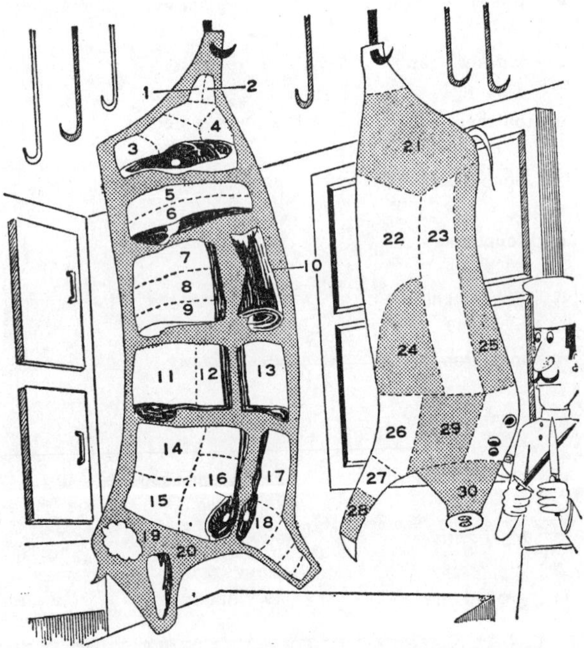

1	heel of round	16	arm
2	hind junk [háind dʒʌ́ŋk]	17	brisket [brískit]
3	rump [rʌmp]	18	shank [ʃæŋk]
4	chip	19	brain
5	sirloin steak [sə́:lɔin stéik]	20	tongue [tʌŋ]
6	pinbone steak [pínboun]	21	ham
7	porterhouse steak [pɔ́:təhaus]	22	bacon
8	T-bone steak	23	porkloin [pɔ́:klɔin]
9	club steak	24	spareribs [spέəribz]
10	flank [flæŋk]	25	fat back
11	rib	26	picnic shoulder
12	short ribs	27	hock [hɑk]
13	plate	28	forefoot [fɔ́əfut]
14	blade	29	shoulder butt [bʌt]
15	neck	30	jowl butt [dʒaul]

BAKERY

パン屋

1
2
3
4
5
6
7
8
9
10
11
12
13
14
15
16
17
18
19
20
21
22
23
24
25
26
27
28
29
30
POPCORN
POPCORN

1	popcorn [pápkɔ:n]	16	ice-cream cone
2	bread cutter	17	ice-cream freezer
3	confectioner [kənfékʃənə]	18	icecream
4	cream squeezer	19	Popsicle [pápsikl]
5	cake	20	scoop [sku:p]
6	pie	21	bread loaf [louf]
7	doughnut [dóunʌt]	22	brown bread
8	pudding [púdiŋ]	23	raisin bread [réizn]
9	cupcake	24	rolls
10	roll cake	25	baguette [bægét]
11	éclair [éiklɛə]	26	croissant [krowəsǽn]
12	chain bread	27	cracker [krǽkə]
13	caramel [kǽrəməl]	28	cookie [kúki]
14	chocolate slab	29	hot cake
15	chocolate finger	30	Baumkuchen [báumku:xən]

FLOWER SHOP

花屋①

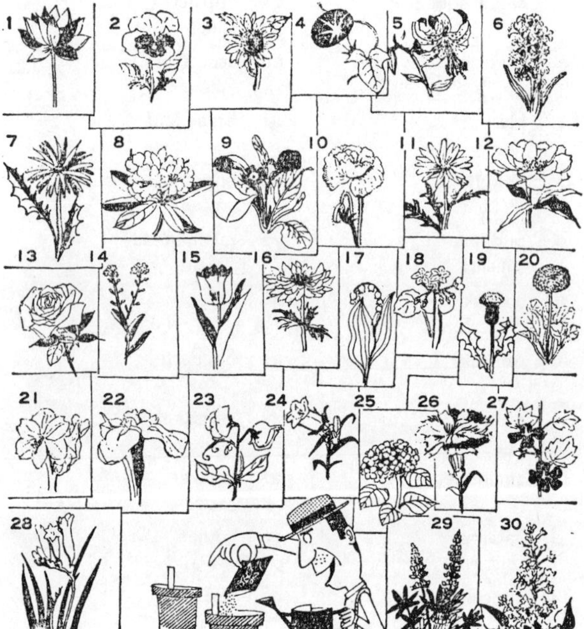

1	**lotus** [lóutəs]	16	**anemone** [ənéməni]
2	**pansy** [pǽnzi]	17	**lily-of-the-valley**
3	**sunflower** [sʌ́nflauə]	18	**geranium** [dʒiréiniəm]
4	**morning-glory** [-glɔ́:ri]	19	**thistle** [θísl]
5	**lily**	20	**daisy** [déizi]
6	**hyacinth** [háiəsinθ]	21	**amaryllis** [æmərílis]
7	**gerbera** [gə́:birə]	22	**iris** [áiris]
8	**Alpine rose** [ǽlpain]	23	**sweet pea**
9	**primrose** [prímrouz]	24	**Canterbury bell**
10	**poppy** [pɑ́pi]	25	**hydrangea** [haidréindʒə]
11	**margaret**	26	**carnation**
12	**peony** [pí:əni]	27	**mallow** [mǽlou]
13	**rose**	28	**freesia** [frí:ʒiə]
14	**forget-me-not**	29	**lupin** [lú:pin]
15	**tulip** [tjú:lip]	30	**lilac** [láilək]

FLOWER SHOP

花屋②

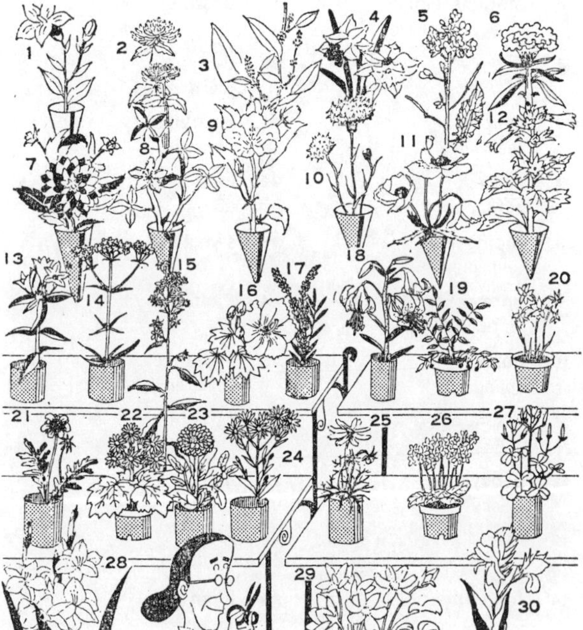

1	Chinese bellflower	16	rose mallow
2	chrysanthemum [krisǽnθəməm]	17	pussy willow [púsi wílou]
3	sorrel [sɔ́:rəl]	18	tiger lily
4	daffodil [dǽfədil]	19	olive
5	rape-blossoms	20	narcissus [nɑ:sísəs]
6	cockscomb [kɑ́kskoum]	21	scabious [skéibiəs]
7	dahlia [déiljə]	22	cineraria [sinərɛ́:riə]
8	trifoliate orange [traifóuliit]	23	yellow ox-eye
9	rose of China	24	aster
10	cornflower [kɔ́:nflauə]	25	cosmos
11	red poppy	26	bear's-ear
12	sage [seidʒ]	27	wood-sorrel [wud-sɔ́:rəl]
13	gentian [dʒénʃən]	28	gladiolus [glædióuləs]
14	patrinia palmata	29	mealy primrose [mí:li prímrouz]
15	goldenrod	30	canna [kǽnə]

BIRD FANCIER

鳥屋

1	**mina** [máinə]	16	**cage**
2	**crow** [krou]	17	**bunting** [bʌ́ntiŋ]
3	**horned owl** [hɔ́:nd ául]	18	**sparrow** [spǽrou]
4	**owl**	19	**lovebird** [lʌ́vbə:d]
5	**perch** [pə:tʃ]	20	**Java sparrow** [dʒɑ́:və]
6	**nest**	21	**kite** [kait]
7	**parrot** [pǽrət]	22	**woodpecker** [wúdpekə]
8	**canary** [kənɛ́:ri]	23	**water-holder**
9	**grass parakeet** [pǽrəki:t]	24	**food container** [fú:d kəntéinə]
10	**budgereegah** [bʌ́dʒərigɑ:]	25	**birdseed**
11	**white-eye**	26	**pigeon** [pídʒən]
12	**titmouse** [títmaus]	27	**quail** [kweil]
13	**Japanese nightingale**	28	**pheasant** [fézənt]
14	**wood-cracker** [wud-krǽkə]	29	**duck**
15	**thrush** [θrʌʃ]	30	**goose** [gu:s]

FISHMONGER

魚屋

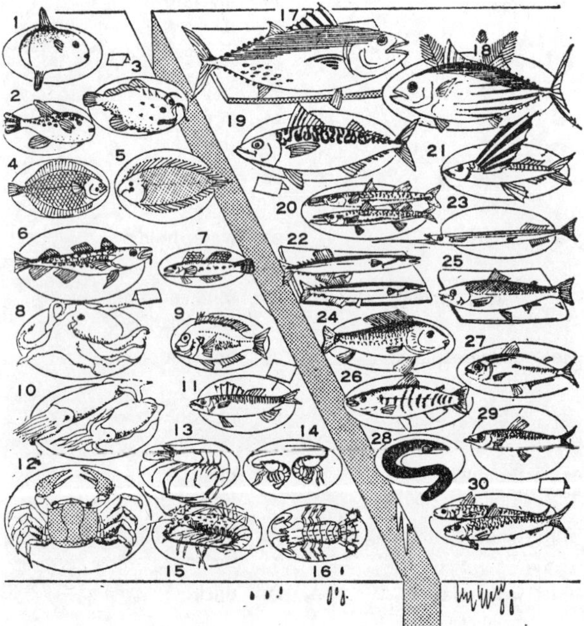

1	sun-fish	16	squilla [skwílə]
2	swellfish [swélfiʃ]	17	tuna [tjú:nə]
3	angler [ǽŋglə]	18	bonito [bəní:tou]
4	flat fish	19	mackerel [mǽkərəl]
5	sole	20	pike
6	cod [kɑd]	21	flying fish
7	goby [góubi]	22	saury [sɔ́:ri]
8	octopus [ɑ́ktəpəs]	23	halfbeak [bi:k]
9	bream	24	carp [kɑ:p]
10	squid [skwid]	25	trout [traut]
11	perch	26	salmon [sǽmən]
12	crab	27	saurel [sɔ́:rəl]
13	prawn [prɔ:n]	28	eel [i:l]
14	shrimp [ʃrimp]	29	herring [hériŋ]
15	lobster [lɑ́bstə]	30	sardine [sɑ:dí:n]

DOG FANCIER

犬屋

1	bulldog	16	Great Dane
2	Boston terrier [bɔ́:stən tériə]	17	chowchow [tʃáutʃàu]
3	boxer	18	Pomeranian [pɑməréiniən]
4	Japanese spaniel	19	cocker spaniel [kɑ́kə spǽnjəl]
5	Scottish terrier [skɑ́tiʃ]	20	poodle [pú:dl]
6	wire-haired fox terrier	21	Pekingese [pi:kiŋí:z]
7	maltese [mɔ́:ltí:z]	22	shepherd [ʃépəd]
8	fighting dog	23	collie [kɑ́li]
9	Doberman pinscher	24	Akita dog
10	St. Bernard [snt bə́:nəd]	25	English setter
11	borzoi [bɔ́:zɔi]	26	English pointer
12	Afghan hound [ǽfgæn háund]	27	Dalmatian [dælméiʃjən]
13	dachshund [dǽkshʌnd]	28	mastiff [mǽstif]
14	airdale terrier [ɛ́ədeil]	29	spitz [spits]
15	greyhound	30	Chihuahua [tʃiwɑ́:wɑ:]

JEWELER

時計店

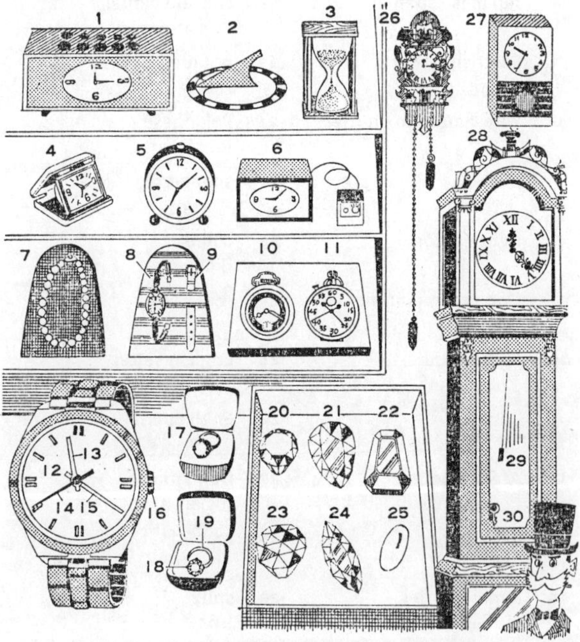
1
2
3
4
5
6
7
8
9
10
11
12
13
14
15
16
17
18
19
20
21
22
23
24
25
26
27
28
29
30

1	solar clock	
2	sundial	[sʌ́ndaiəl]
3	sandglass	[sǽndglæs]
4	traveling alarm	[trǽvliŋ əlɑ́:m]
5	alarm clock	
6	electric clock	
7	pearl necklace	[néklis]
8	wrist watch	[rist]
9	watch-band	[-bænd]
10	watch	
11	stopwatch	
12	dial	[dáiəl]
13	hour hand	[áuə]
14	second hand	
15	minute hand	[mínit]
16	stem of a watch	[stem]
17	pearl	
18	diamond	
19	setting	
20	brilliant cut	[bríljənt kʌ́t]
21	drop cut	[drɑp]
22	baguet cut	[bægét]
23	rose cut	[rouz]
24	marquise cut	[mɑ:kí:z]
25	cabochon cut	[kǽbəʃɑn]
26	cuckoo clock	[kúku:]
27	wall clock	
28	grandfather's clock	
29	pendulum	[péndjuləm]
30	clock key	

CAMERA STORE

カメラ店①

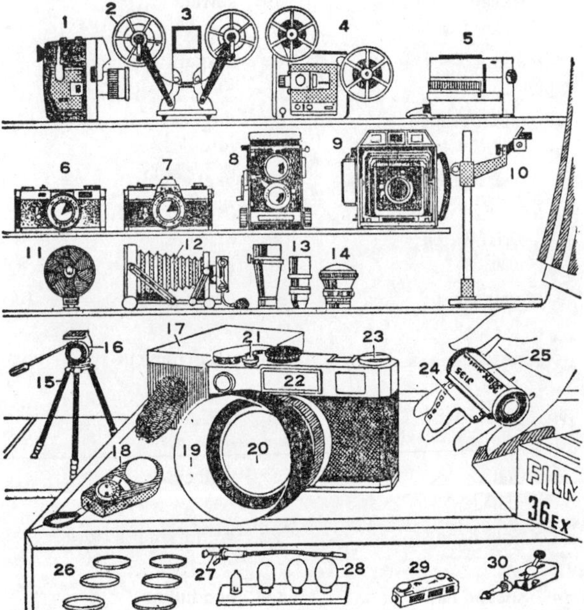

1	8mm camera	16	tripod head
2	reel	17	dark chamber
3	editor	18	exposure meter
4	projector [prədʒéktə]	19	hood [hud]
5	slide projector	20	lens [lenz]
6	Leica camera [láikə]	21	shutter
7	single lens reflex	22	finder
8	twin lens reflex	23	crank [kræŋk]
9	press camera	24	film
10	copying stand	25	magazine
11	flash light	26	filter
12	bellows [bélouz]	27	release [rilí:s]
13	telephoto-lens [telifóutou]	28	flash bulb
14	fish-eye lens	29	minicamera [mínikæmərə]
15	tripod [tráipɑd]	30	self-timer

CAMERA STORE

カメラ店②

1	safelight	16	print dryer
2	drying cabinet	17	contact mask
3	negative [négətiv]	18	developer [divéləpə]
4	apron [éiprən]	19	sponge [spʌndʒ]
5	enlarger [inlɑ́:dʒə]	20	developing tank
6	lamp house	21	film belt
7	pantograph [pǽntəgræf]	22	stirring rod
8	enlarging lens	23	film clip
9	safety filter	24	exposure [ikspóuʒə]
10	darkroom watch	25	blower brush [blóuə]
11	contact printer	26	cutter
12	printing paper	27	pincette [pænsét]
13	composing frame	28	thermometer [θəmɑ́mitə]
14	focus scope [fóukʌs]	29	developing tray
15	footswitch	30	roller squeegee [skwí:dʒi:]

ELECTRIC SHOP

電器屋①

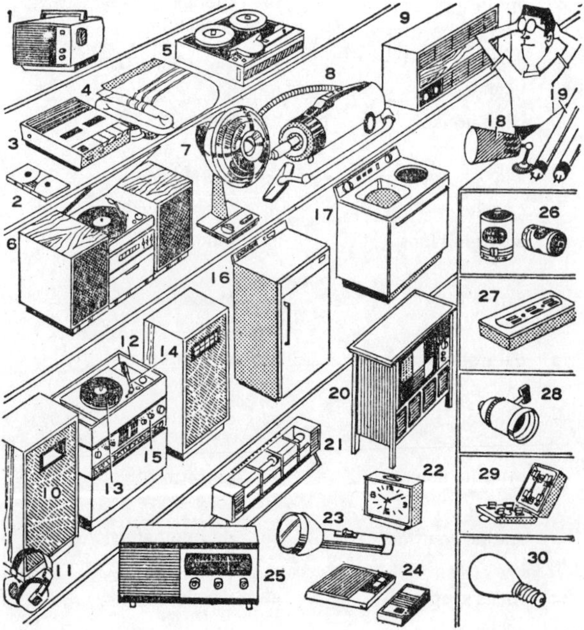

1	portable TV set	16	refrigerator [rifrídʒəreitə]
2	cassette [kɑ:sét]	17	washing machine
3	cassette tape recorder	18	bracket lamp [brǽkit]
4	thermal blanket [θə́:məl]	19	fluorescent tube [flu:ərésənt]
5	tape recorder	20	TV set
6	stereophonic phonograph	21	electric heater
7	electric fan	22	time switch
8	vacuum cleaner [vǽkjuəm]	23	flashlight
9	air-conditioner	24	cordless phone
10	speaker-box	25	radio
11	headphones	26	dry battery [bǽtəri]
12	record player	27	outlet
13	turntable	28	socket
14	tone arm	29	cutout
15	amplifier [ǽmplifaiə]	30	light bulb [bʌlb]

ELECTRIC SHOP

電器屋②

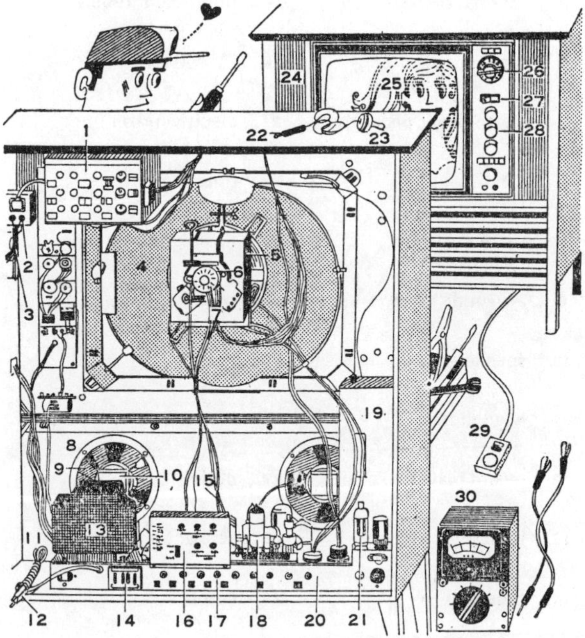

1	convergence board	16	control board [kəntróul]
2	antenna terminal [ænténə]	17	terminal [tə́:minəl]
3	feeder [fí:də]	18	condenser [kəndénsə]
4	Braun tube	19	high-tension case
5	polarizing coil	20	chassis [ʃǽsi]
6	neck	21	vacuum tube
7	base	22	earphone plug
8	loudspeaker	23	earphone
9	cone	24	cabinet
10	magnet [mǽgnit]	25	screen
11	power cord [páuə]	26	channel switch [tʃǽnəl]
12	plug	27	switch
13	transformer	28	button
14	fuse	29	remote
15	cord	30	tester

BAGGAGE STORE

かばん屋

1	**trunk** [trʌŋk]	16	**duffel bag** [dʌ́fl]
2	**wardrobe trunk** [wɔ́:droub]	17	**attaché case** [ætəʃéi]
3	**detent** [ditént]	18	**handbag**
4	**cabin trunk** [kǽbin]	19	**clasp**
5	**shopping bag**	20	**beaded bag** [bí:did]
6	**Boston bag** [bɔ́:stən]	21	**shoulder bag**
7	**brief case** [bri:f]	22	**strap**
8	**Gladstone bag** [glǽdstoun]	23	**basket**
9	**gadget bag** [gǽdʒit]	24	**suitcase**
10	**cosmetic case** [kɑzmétik]	25	**fastener** [fǽsnə]
11	**rucksack** [rúksæk]	26	**belt**
12	**knapsack** [nǽpsæk]	27	**key**
13	**garment bag** [gɑ́:mənt]	28	**name-card holder**
14	**folding rack** [fóuldiŋ ræk]	29	**toiletry case** [tɔ́ilətri]
15	**underarm case**	30	**lunch box** [lʌntʃ]

UMBRELLA STORE

かさ屋

1	**umbrella** [ʌmbrélə]	16	**crook** [kruk]
2	**umbrella mender**	17	**circle handle** [sə́:kl]
3	**marquise** [mɑ:kí:z]	18	**bamboo handle** [bæmbú:]
4	**parasol** [pǽrəsɔ:l]	19	**triple-tip cane** [trípl-tip]
5	**beach parasol**	20	**New English stick**
6	**window look**	21	**pistol-grip handle** [pístəl-grip]
7	**vinyl cover** [váinil kʌ́və]	22	**cane**
8	**lace braiding umbrella**	23	**handle**
9	**umbrella salesman**	24	**rib**
10	**lady's umbrella**	25	**cloth** [klɔ:θ]
11	**slim umbrella** [slim]	26	**ferrule** [féru:l]
12	**folding umbrella**	27	**hook** [huk]
13	**extend style** [iksténd]	28	**umbrella sheath** [ʃi:θ]
14	**girl's umbrella**	29	**self-opening umbrella**
15	**young boy's umbrella**	30	**umbrella stand**

OPTICAL STORE

めがね店

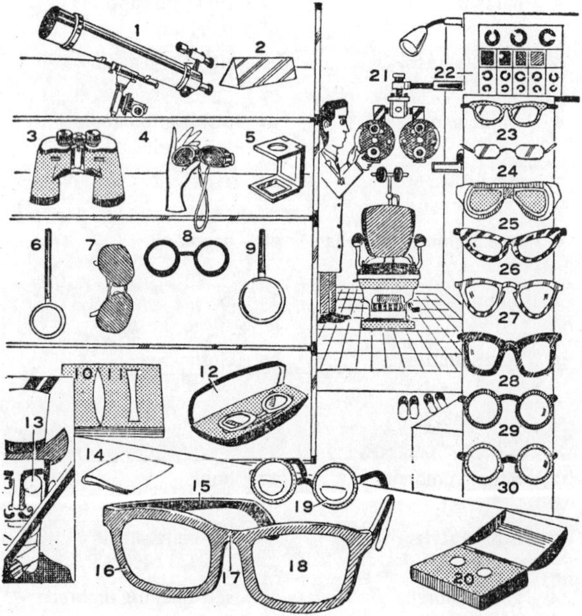

1	**telescope** [téliskoup]	16	**rim**
2	**prism** [prizm]	17	**bridge**
3	**binoculars** [bainɑ́kjuləs]	18	**lens**
4	**opera glasses**	19	**bifocal glasses** [baifóukəl]
5	**roupie**	20	**contact lens** [kɑ́ntækt]
6	**lorgnette** [lɔ:njét]	21	**eye-speculum** [-spékjuləm]
7	**sunglasses**	22	**sight-testing chart** [sáit-testiŋ tʃɑ́:t]
8	**pince-nez** [pǽns-nei]	23	**eyeglasses**
9	**magnifying glass**	24	**rimless** [fréimlis]
10	**convex lens** [kɑ́nveks]	25	**goggles** [gɑ́glz]
11	**concave lens** [kɑ́nkeiv]	26	**Fox glasses**
12	**spectacle case** [spéktəkl]	27	**Boston glasses**
13	**monocle** [mɑ́nəkl]	28	**Wellington glasses**
14	**wiper** [wáipə]	29	**round type glass**
15	**bow** [bou]	30	**Coat glasses**

CIGAR STORE

タバコ店

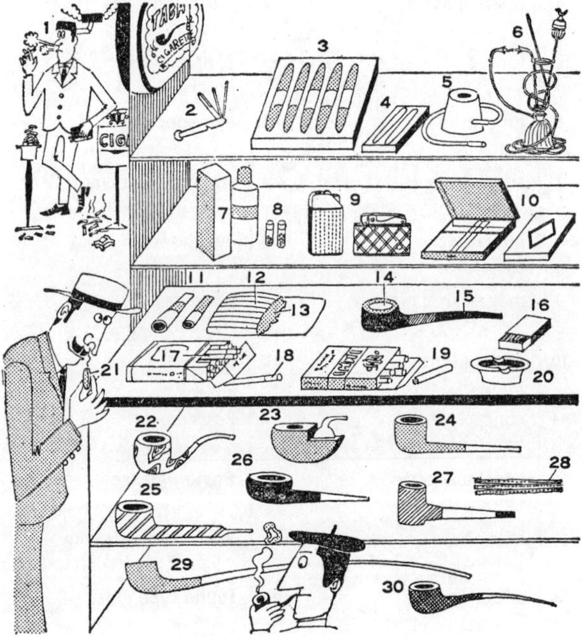

1	chain smoker	16	match [mætʃ]
2	pipe-scraper [páip-skréipə]	17	filter cigarette [fíltə]
3	cigar [sigɑ́:]	18	filter tip
4	cheroot [ʃərú:t]	19	cigarette
5	sabiner	20	ash tray
6	hookah [húkə]	21	snuff [snʌf]
7	gas bomb	22	vent pipe [vent]
8	lighter flint [láitə flínt]	23	folding swivel pipe
9	lighter	24	pot pipe [pɑt]
10	cigarette case [sigərét]	25	Fraser lovat pipe
11	cigarette-holder	26	bulldog pipe [búldɔ:g]
12	cut tobacco case	27	stand-up poker pipe
13	cut tobacco	28	pipe cleaner
14	pipe bowl	29	churchwarden pipe [tʃə́:tʃwɔ:dn]
15	pipe stem	30	prince pipe [prins]

TOY SHOP

おもちゃ店

1	jack-in-the-box	16	drum doll [drʌm]
2	Dracula saving-box	17	robot [róubɑt]
3	slingshot [slíŋʃɑt]	18	milk-drinking doll
4	model plane	19	teddy bear [tédi bɛə]
5	plastic model [plǽstik]	20	quoits [kwɔits]
6	baby carriage [kǽridʒ]	21	rattle
7	kite	22	remote-control car
8	music-box Mary	23	doll's kitchen
9	rocking-horse	24	French doll [dɑl]
10	croquet [kroukéi]	25	kewpie [kjú:pi]
11	bean bags	26	puzzle ring [pʌ́zl riŋ]
12	toy bricks	27	building block
13	marbles [mɑ́:blz]	28	cymbal monkey [símbəl]
14	toy train	29	gyroscope [dʒáirəskoup]
15	dart	30	windmill [wíndmil]

MUSIC STORE

楽器店①

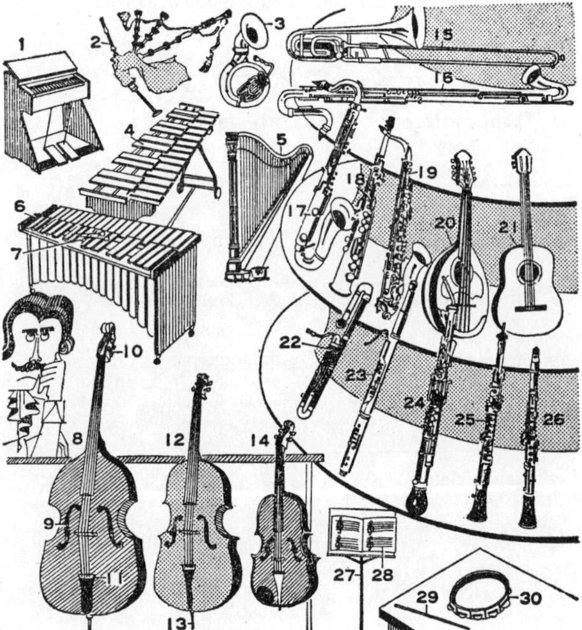

1	**organ**	16	**contrabass-clarinet**
2	**bag-pipe**	17	**bass-clarinet** [beis-]
3	**sousaphone** [sú:zəfoun]	18	**soprano-saxophone**
4	**xylophone** [záiləfoun]	19	**saxophone** [sǽksəfoun]
5	**harp**	20	**mandolin** [mǽndəlin]
6	**marimba** [mərímbə]	21	**guitar** [gitɑ́:]
7	**marimba stick**	22	**contrafaggot**
8	**contrabass**	23	**faggot** [fǽgət]
9	**“f”hole**	24	**English horn**
10	**tuning peg**	25	**oboe** [óubou]
11	**tailpiece**	26	**clarinet** [klærinét]
12	**cello** [tʃélou]	27	**music stand**
13	**ferrule** [féru:l]	28	**score** [skɔə]
14	**viola** [vióulə]	29	**conductor's baton**
15	**trombone** [trɑmbóun]	30	**tambourine** [tæmbərí:n]

MUSIC STORE

楽器店②

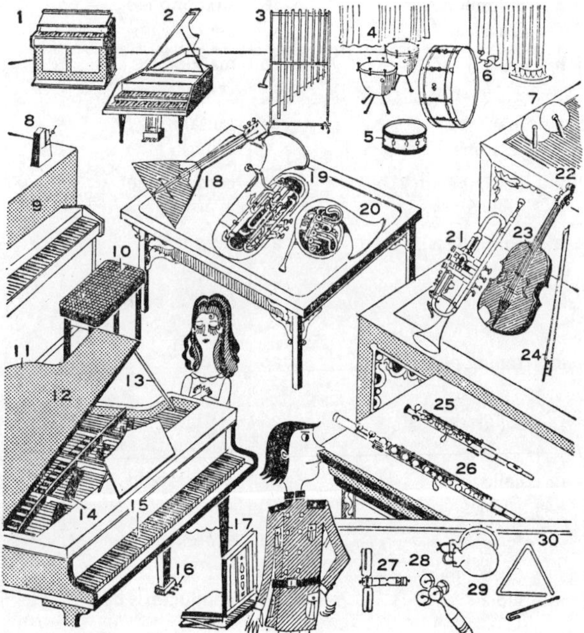

1	celesta [siléstə]	16	pedal [pédəl]
2	harpsichord [hɑ́:psikɔ:d]	17	piano stool
3	chimes	18	balalaika [bæləláikə]
4	timpani [tímpəni:]	19	tuba
5	snare drum	20	horn
6	bass drum	21	trumpet
7	cymbals [símbəlz]	22	violin
8	metronome [métrənoum]	23	string
9	upright-piano [ʌ́prait-]	24	bow [bou]
10	piano bench	25	piccolo [píkəlou]
11	grand piano	26	flute [flu:t]
12	lid	27	wood block
13	prop [prɑp]	28	bell
14	piano wire	29	castanets
15	key	30	triangle [tráiæŋgl]

GAS STATION
ガソリンスタンド

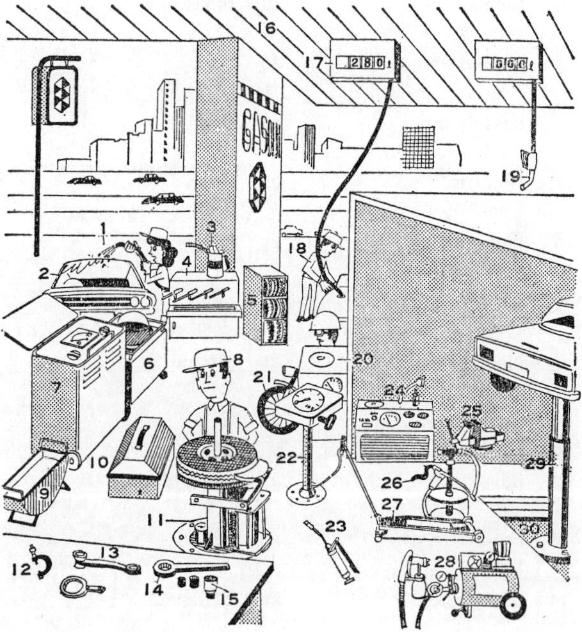

1	car-washing place	16	canopy [kǽnəpi]
2	automobile	17	flow-meter
3	oil jockey [dʒáki]	18	oil supplier
4	oil merchandiser	19	nozzle
5	tire cabinet	20	oil mixer
6	oil changer	21	motorbike
7	battery charger	22	pressure meter
8	mechanic	23	grease gun [gri:s]
9	puncture finder [pʌ́ŋktʃə]	24	plug cleaner
10	work-box	25	vice [vais]
11	tire bead breaker	26	grease pump [gri:s]
12	micrometer [maikrámitə]	27	garage jack [gərá:ʒ]
13	wrench [rentʃ]	28	air compressor
14	ratchet wrench [rǽtʃit]	29	lift
15	socket	30	pit

CAR SHOP
自動車販売店①

1	**center pillar** [séntə pílə]	16	**front window**
2	**ventilator** [véntileitə]	17	**wiper**
3	**rear window** [riə]	18	**window washer**
4	**trunk**	19	**hood/bonnet**
5	**spare tire**	20	**antenna** [ænténə]
6	**down brush** [dáun brʌ́ʃ]	21	**side mirror**
7	**jack** [dʒæk]	22	**fender** [féndə]
8	**winker**	23	**wheel cap** [hwí:l kǽp]
9	**brake lights/stop lamp**	24	**tire**
10	**exhaust pipe** [igzɔ́:st]	25	**side lamp**
11	**side window**	26	**headlight**
12	**door-knob** [dɔ́ə-nɑb]	27	**spare lamp**
13	**key hole**	28	**front grille** [gril]
14	**door**	29	**bumper** [bʌ́mpə]
15	**front quarter vent**	30	**number plate**

CAR SHOP

自動車販売店②

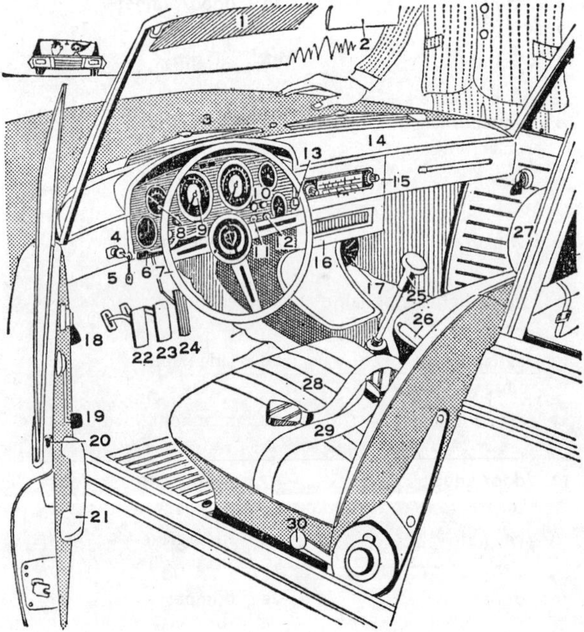

1	sunshade	16	car cooler
2	rearview mirror	17	car heater
3	traffic indicator [índikeitə]	18	door handle
4	ignition keyhole [igníʃən]	19	window shutter
5	key	20	safety doorlock
6	horn button	21	elbow rest [élbou]
7	steering wheel	22	clutch pedal [klʌtʃ]
8	fuel meter [fjú:əl]	23	brake pedal [breik]
9	speedometer [spi:dɑ́mitə]	24	accelerator pedal
10	odometer [oudɑ́mitə]	25	gearshift lever [gíəʃift]
11	window washer switch	26	hand brake
12	light switch	27	headrest
13	car lighter	28	reclining seat
14	dashboard [dǽʃbɔ:d]	29	safety belt
15	car radio	30	reclining lever

AUTO PLANT

自動車工場①

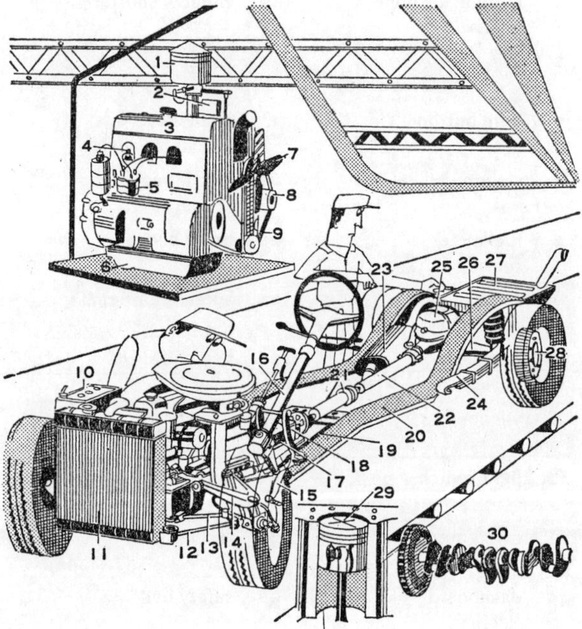

1	air cleaner	16	steering column [kɑ́ləm]
2	carburetor [kɑ́:bjuretə]	17	clutch housing [háuziŋ]
3	engine [éndʒin]	18	gearbox [gíəbɑks]
4	ignition-plug [igníʃən-]	19	torsion-bar spring
5	distributor [distríbjutə]	20	frame
6	crankcase [krǽŋkkeis]	21	universal joint
7	fan	22	drive-shaft [dráiv-ʃǽft]
8	charging dynamo [dáinəmou]	23	muffler
9	fan belt	24	chassis-spring [ʃǽsi-spriŋ]
10	battery [bǽtəri]	25	differential motor
11	radiator [réidieitə]	26	axle [ǽksl]
12	drag link [drǽg link]	27	gasoline-tank
13	stabilizer [stéibilaizə]	28	brake drum [breik]
14	upper arm	29	piston [pístən]
15	steering tie rod [stíəziŋ]	30	crankshaft [krǽŋkʃæft]

AUTO PLANT

自動車工場②

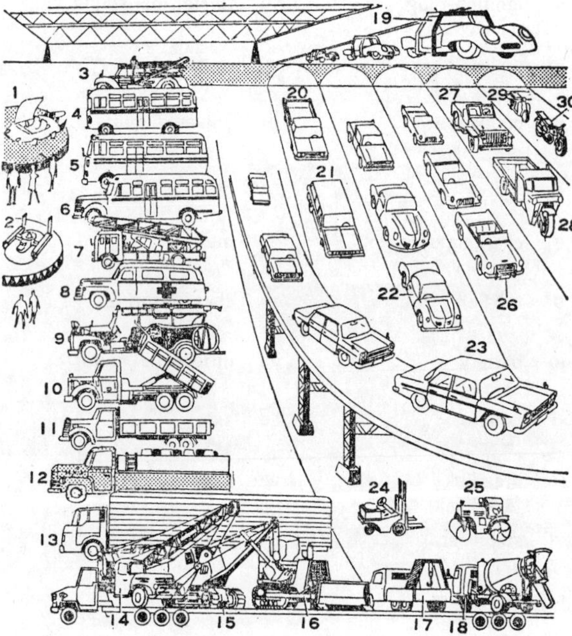

1	electric car	16	bulldozer [búldouzə]
2	air car	17	wrecker [rékə]
3	hearse [hə:s]	18	concrete mixer
4	trolley bus [trɑ́li bʌ́s]	19	sports car
5	rear-engine bus	20	light truck
6	bonnet bus [bɑ́nit]	21	station wagon [stéiʃən]
7	ladder car	22	coupé [kú:pei]
8	ambulance [ǽmbjuləns]	23	sedan [sidǽn]
9	fire engine	24	forklift
10	dumptruck	25	macadam roller [məkǽdəm]
11	truck	26	convertible [kənvə́:tibl]
12	tank car	27	jeep [dʒi:p]
13	trailer truck [tréilə]	28	auto-tricycle
14	crane	29	scooter [skú:tə]
15	shovel car	30	autobike

BICYCLE SHOP

自転車店

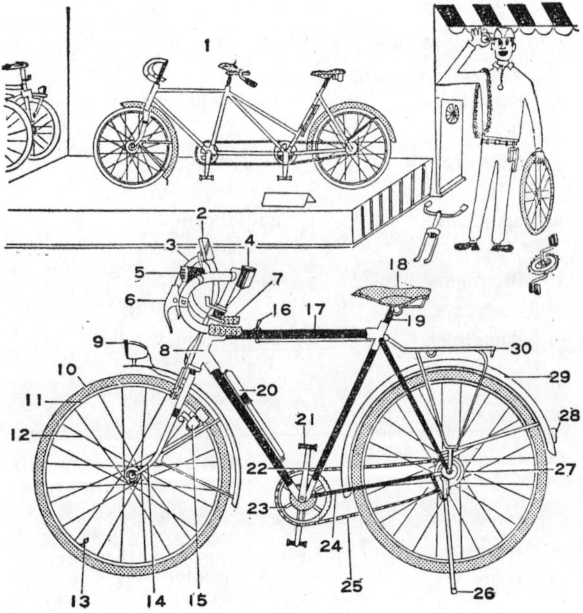

1	tandem [tǽndəm]	16	changing lever
2	rearview mirror	17	upper pipe
3	hand lever [hǽnd lévə]	18	saddle [sǽdl]
4	speedometer [spi:dάmitə]	19	seat post
5	buzzer [bʌ́zə]	20	air pump [pʌmp]
6	brake lever [lévə]	21	pedal
7	grip	22	crank [kræŋk]
8	front pipe	23	big gear
9	lamp	24	chain stay
10	tire	25	chain [tʃein]
11	rim	26	stand
12	spoke [spouk]	27	hub [hʌb]
13	air valve [vælv]	28	rear reflector
14	fork	29	mudguard [mʌ́dgɑ:d]
15	generator	30	baggage carrier

BEAUTY PARLOR

美容院

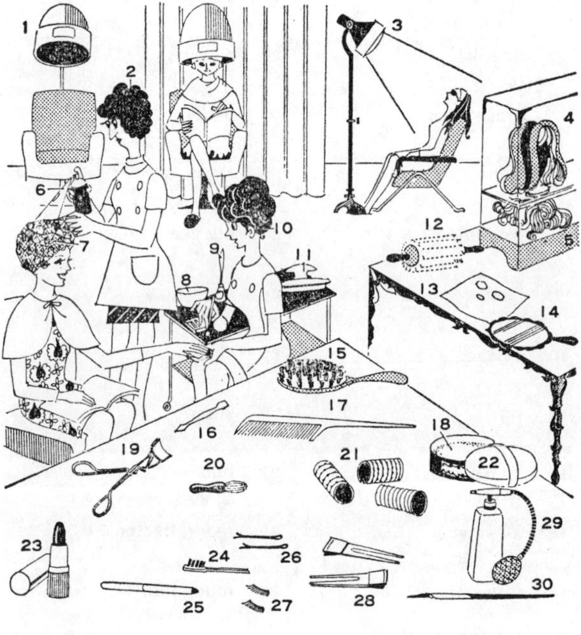

1	drier [dráiə]	16	cuticle-pusher
2	hairdresser [héədresə]	17	comb [koum]
3	infrared ray stand [infrəréd rei]	18	powder
4	wig [wig]	19	eyelash curler
5	hair piece [héə]	20	brush
6	hair spray [spréi]	21	curler [kə́:lə]
7	hair-net	22	puff
8	finger bowl [boul]	23	lipstick
9	nail polish	24	eyelash brush
10	manicurist [mǽnikjuərist]	25	eyebrow pencil [áibrau]
11	buffer [bʌ́fə]	26	hairpin
12	roll brush	27	false eyelash [áilæʃ]
13	pack mask	28	double pin
14	hand-mirror	29	perfume spray
15	hairbrush	30	eyeliner

BARBER SHOP
理髪店

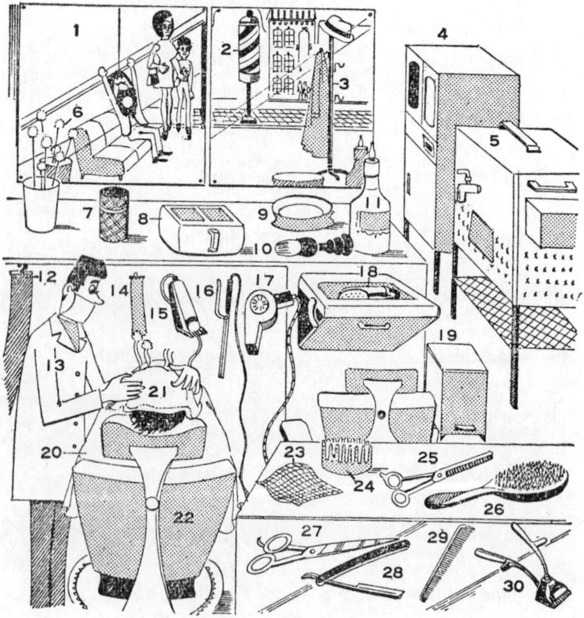

1	**mirror** [mírə]	16	**electric crimper** [krímpə]
2	**barber pole** [bɑ́:bə póul]	17	**drier** [dráiə]
3	**coat rack** [kóut rǽk]	18	**shower**
4	**sterilizer** [stérilaizə]	19	**hair bin**
5	**towel sterilizer**	20	**cover**
6	**earpick** [íəpik]	21	**steamed towel**
7	**styptic**	22	**head chair**
8	**lather dish** [lǽðə diʃ]	23	**net**
9	**rubber plate** [rʌ́bə]	24	**round comb** [koum]
10	**shaving brush**	25	**thinning shears** [θíniŋ ʃíəz]
11	**shampoo** [ʃæmpú:]	26	**hairbrush**
12	**razor strop** [réizə strɑ́p]	27	**shears**
13	**barber**	28	**razor**
14	**crepe paper** [kreip]	29	**barber comb**
15	**electric clippers** [klípəz]	30	**clippers** [klípəz]

HOSPITAL

病院①

1	nurse [nə:s]	16	sanitary cotton [sǽnitəri]
2	injection syringe [sírindʒ]	17	hemadynamometer
3	injector	18	pus tray
4	consulting table	19	adhesive plaster [ədhí:siv]
5	doctor	20	bandage [bǽndidʒ]
6	white robe	21	bandage clip
7	reflecting mirror	22	triangle bandage
8	stethoscope [stéθəskoup]	23	clinical thermometer
9	X-ray film [éks-rei]	24	mallet [mǽlit]
10	patient [péiʃənt]	25	tablet [tǽblit]
11	stretcher [strétʃə]	26	balance [bǽləns]
12	bronchial scope [bráŋkiəl]	27	mortar [mɔ́:tə]
13	ampoule file [ǽmpu:l]	28	pestle [pésl]
14	ampoule	29	microscope [máikrəskoup]
15	scalder [skɔ́:ldə]	30	doctor's bag

HOSPITAL

病院②

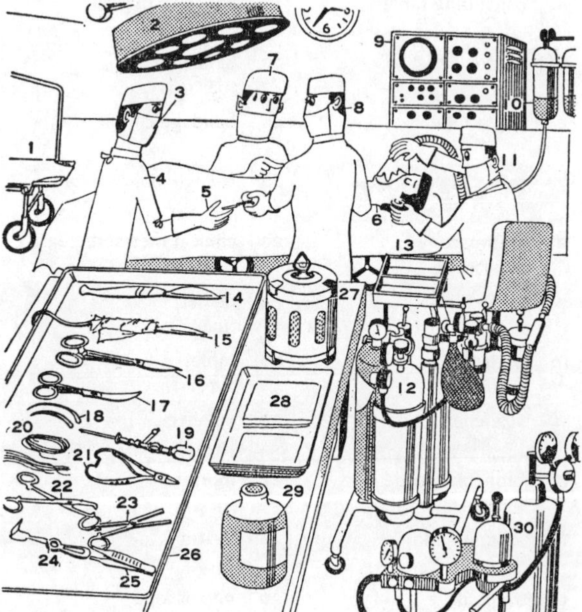

1	wheeled stretcher	16	scissors [sízəz]
2	shadowless lamp	17	Cooper's curved scissors
3	mask [mæsk]	18	needle
4	operating gown [gaun]	19	trocar [tróukɑ:]
5	rubber glove	20	suture catgut [sú:tʃə kǽtgʌt]
6	operative case	21	needle-holder
7	operating cap	22	Kocher's hemostat
8	operator [ɑ́pəreitə]	23	Péan's hemostat
9	oscilloscope [ɑ́siləskoup]	24	hook
10	transfusing blood	25	extractor [ikstrǽktə]
11	anesthetist [æní:sθətist]	26	instrument tray
12	anesthesia apparatus	27	kettle [kétl]
13	operating table	28	gauze [gɔ:z]
14	knife [naif]	29	formalin [fɔ́:məlin]
15	electric knife	30	lung motor [lʌŋ]

HOSPITAL

病院③

1	wheelchair	16	sanitary face mask
2	patient lifter [péiʃənt]	17	crutches [krʌ́tʃiz]
3	commode [kəmóud]	18	cast [kæst]
4	tilt-top tray [tílt-tɑp tréi]	19	blanket support
5	screen	20	practical nurse
6	forearm crutches	21	liquid medicine
7	patient helper-bar	22	ice bag
8	back rest	23	ice pillow
9	walker	24	bedpan
10	adjustable bed [ədʒʌ́stəbl]	25	urinal [jú:rinəl]
11	visitor	26	syringe [sírindʒ]
12	comfort flower [kʌ́mfət]	27	feeding cup
13	on-bed tray	28	capsule [kǽpsəl]
14	chart [tʃɑ:t]	29	powdered medicine
15	eye bandage	30	wafer [wéifə]

HOSPITAL

病院④

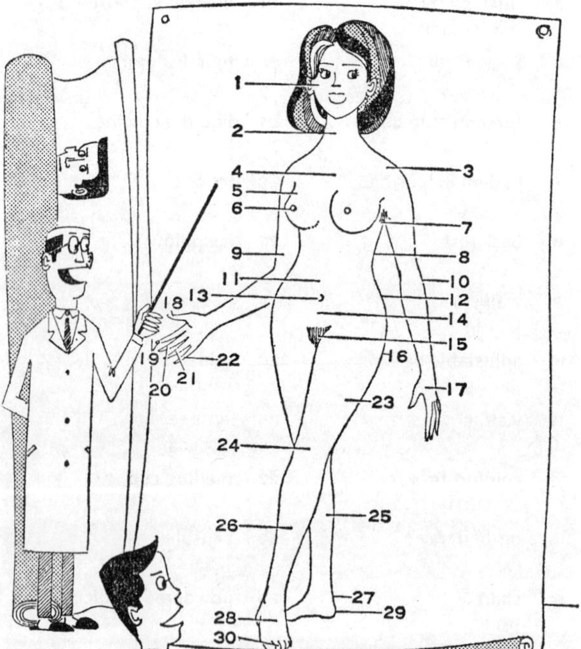

1	**face**	16	**hip**
2	**neck**	17	**hand** [hænd]
3	**shoulder** [ʃóuldə]	18	**thumb** [θʌm]
4	**chest** [tʃest]	19	**forefinger** [fɔ́əfiŋgə]
5	**breast** [brest]	20	**middle finger**
6	**nipple** [nípl]	21	**ring finger**
7	**armpit hair** [ɑ́:mpit hέə]	22	**little finger**
8	**back**	23	**thigh** [θai]
9	**arm**	24	**knee** [ni:]
10	**elbow** [élbou]	25	**calf** [kæf]
11	**abdomen** [ǽbdəmen]	26	**shank** [ʃæŋk]
12	**loin** [lɔin]	27	**Achilles' tendon** [əkíli:z téndən]
13	**navel** [néivl]	28	**foot**
14	**lower abdomen** [lóuə]	29	**heel**
15	**pubic hair** [pjú:bik hέə]	30	**toe** [tou]

HOSPITAL

病院⑤

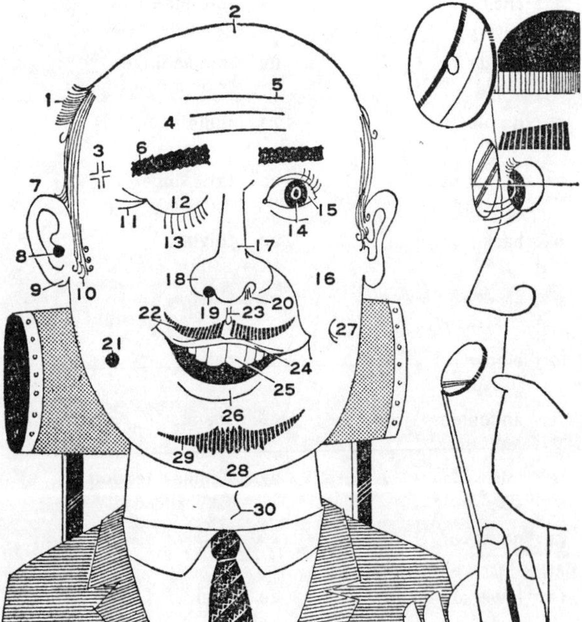

1	**hair**	16	**cheek** [tʃi:k]
2	**bald head** [bɔ:ld]	17	**nose**
3	**temple** [témpl]	18	**nose-wing** [nóuz-wiŋ]
4	**forehead** [fɔ́:rid]	19	**nostril** [nɑ́stril]
5	**furrow** [fə́:rou]	20	**vibrissa** [vaibrísə]
6	**eyebrow** [áibrau]	21	**mole** [moul]
7	**ear**	22	**moustache/moustaches** [mʌstǽʃiz]
8	**auditory canal**	23	**groove** [gru:v]
9	**lobe** [loub]	24	**upper lip** [ʌ́pə]
10	**tuft** [tʌft]	25	**tooth** [tu:θ]
11	**crow's-foot** [króuz-fut]	26	**lower lip** [lóuə]
12	**eyelid**	27	**dimple** [dímpl]
13	**eyelashes** [áilæʃiz]	28	**jaw** [dʒɔ:]
14	**iris** [áiris]	29	**beard** [biəd]
15	**white**	30	**Adam's apple** [ǽdəmzǽpl]

HOSPITAL

病院⑥

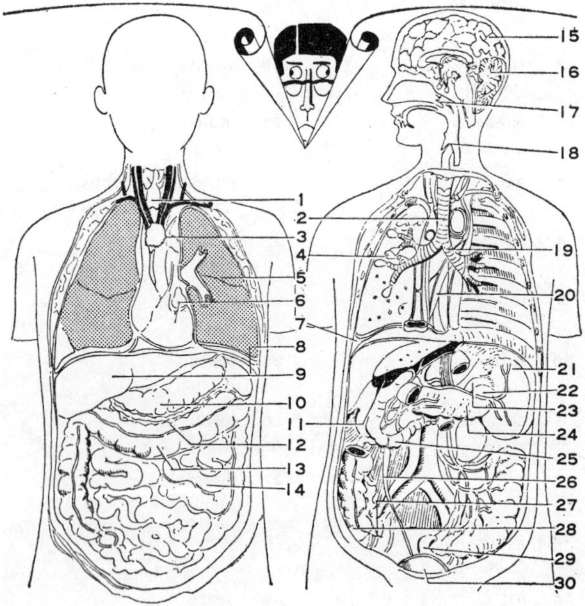

1	**thyroid gland** [θáirɔid]	16	**cerebellum** [seribéləm]
2	**windpipe** [wíndpaip]	17	**pharynx** [fǽriŋks]
3	**thymus**	18	**larynx** [lǽriŋks]
4	**alveolus** [lʌŋ-sel]	19	**bronchus** [brɑ́ŋkəs]
5	**lung**	20	**gullet** [gʌ́lit]
6	**heart**	21	**spleen** [spli:n]
7	**pleura** [plú:rə]	22	**kidney** [kídni]
8	**diaphragm** [dáiəfræm]	23	**suprarenal**
9	**liver** [lívə]	24	**pancreas** [pǽŋkriəs]
10	**stomach** [stʌ́mək]	25	**duodenum** [du:ədí:nəm]
11	**gall bladder** [gɔ́:l blǽdə]	26	**ureter** [jurí:tə]
12	**peritoneum**	27	**appendix** [əpéndiks]
13	**large intestine** [intéstin]	28	**caecum** [sí:kəm]
14	**small intestine**	29	**rectum** [réktəm]
15	**cerebrum** [séribrəm]	30	**urinary bladder**

HOSPITAL

病院⑦

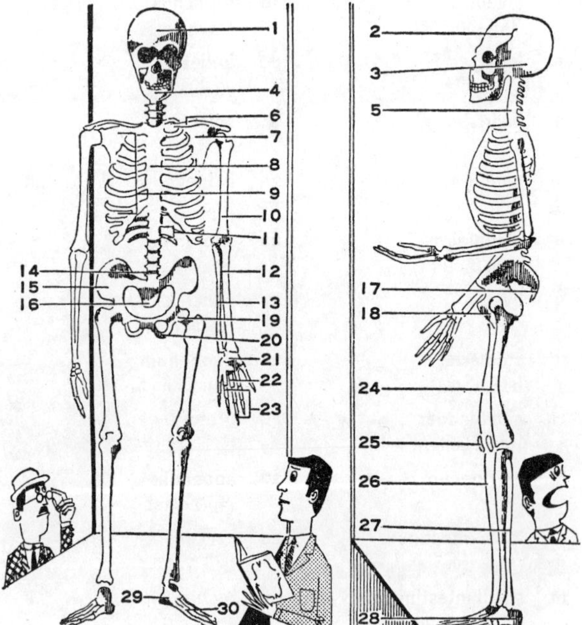

1	**frontal bone** [frʌ́ntəl]	16	**sacrum** [séikrəm]
2	**symphysis** [símfisis]	17	**coccyx** [kɔ́ksiks]
3	**occipital bone** [ɑksípitəl]	18	**pubis** [pjú:bis]
4	**lower jawbone**	19	**hip joint** [híp dʒɔ́int]
5	**neck vertebrae** [və́:tibri:]	20	**ischium** [ískiəm]
6	**collarbone**	21	**wrist bones**
7	**shoulder blade**	22	**metacarpal bones** [metəká:pəl]
8	**breastbone**	23	**phalange** [fəlǽndʒ]
9	**ribs** [ribz]	24	**femur** [fí:mə]
10	**humerus** [hjú:mərəs]	25	**kneecap**
11	**floating ribs** [flóutiŋ ríbz]	26	**tibia** [tíbiə]
12	**radius** [réidiəs]	27	**fibula** [fíbjulə]
13	**ulna** [ʌ́lnə]	28	**calcaneus** [kælkéiniəs]
14	**spinal column** [spáinəl]	29	**ankle bones** [ǽŋkl]
15	**ilium** [íliəm]	30	**metatarsal bones** [metətá:səl]

DENTIST
歯医者

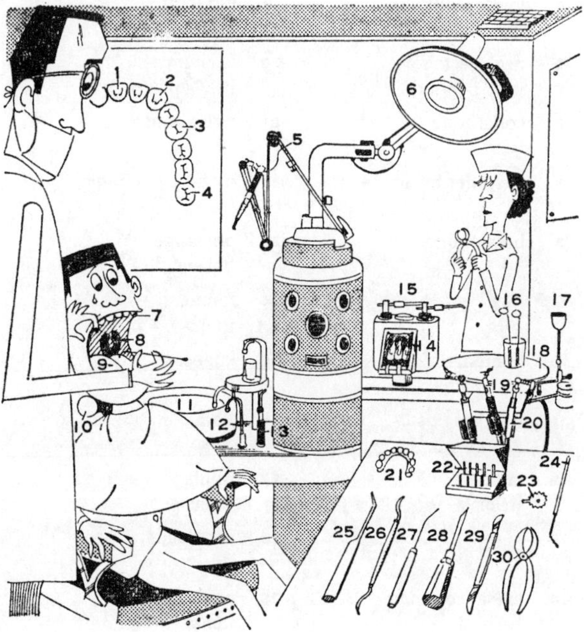
1
2
3
4
5
6
7
8
9
10
11
12
13
14
15
16
17
18
19
20
21
22
23
24
25
26
27
28
29
30

1	**foretooth** [fɔ́ətu:θ]	16	**mouth mirror**
2	**canine**	17	**burner** [bə́:nə]
3	**premolar** [prí:móulə]	18	**bracket table** [brǽkit]
4	**molar** [móulə]	19	**air syringe** [sírindʒ]
5	**engine arm**	20	**contra-angle** [kάntrə-ǽŋgl]
6	**spotlight**	21	**false teeth** [fɔ:ls]
7	**decayed tooth** [dikéid]	22	**burr** [bə:]
8	**uvula** [jú:vjulə]	23	**separating disc** [disk]
9	**tongue** [tʌŋ]	24	**pulp-canal cleanser**
10	**dentist's chair**	25	**explorer** [iksplɔ́ərə]
11	**rinse bowl** [boul]	26	**stopper** [stάpə]
12	**spray**	27	**square broach** [broutʃ]
13	**drainage tube** [dréinidʒ]	28	**elevator**
14	**X-ray film**	29	**spatula** [spǽtjulə]
15	**air turbine** [ɛ́ə tə́:bin]	30	**extraction forceps**

DEPARTMENT STORE

百貨店

1	poster [póustə]	16	cashier [kæʃíə]
2	guide [gaid]	17	shoplifter [ʃɑ́pliftə]
3	guideboard [gáidbɔ:d]	18	shopping cart
4	information [infəméiʃən]	19	escalator [éskəleitə]
5	fire alarm	20	package wrapper [pǽkidʒ rǽpə]
6	fire hydrant [háidrənt]	21	wrapping paper
7	elevator	22	wrapping counter
8	floor indicator [índikeitə]	23	salesgirl [séilzgə:l]
9	elevator girl	24	sales counter
10	lobby [lɑ́bi]	25	tray for change
11	steps	26	receipt [risí:t]
12	stand	27	price
13	showcase	28	customer [kʌ́stəmə]
14	salesclerk [séilzklə:k]	29	baggage car
15	cash register [rédʒistə]	30	dummy [dʌ́mi]

HOTEL

ホテル

1
2
3
4
5
6
7
8
9
10
11
12
13
14
15
16
17
18
19
20
21
22
23
24
25
26
27
28
29
30

1	revolving-door [riválviŋ-]	16	arcade [ɑ:kéid]
2	doorman [dɔ́əmən]	17	porter
3	guest [gest]	18	baggage cart
4	suitcase [sú:tkeis]	19	bell boy
5	sticker	20	tourist party [tú:rist]
6	city telephone	21	travel agent [éidʒənt]
7	armchair	22	emergency exit [imə́:dʒənsi éksit]
8	carpet [kɑ́:pit]	23	key rack
9	door mat	24	front cashier [frʌnt kæʃíə]
10	potted plant	25	front clerk [klə:k]
11	writing desk	26	room key
12	tobacco vending machine	27	key box
13	waitress	28	register [rédʒistə]
14	dining-room	29	extension [iksténʃən]
15	bar	30	cloakroom [klóukru:m]

STATION

駅①

1
2
3
4
5
6
7
8
9
10
11
12
13
14
15
20 2 7 11 15 19 23
21 4 9 14 19 24 29
22 3 9 15 21 27 33
23 3 9 16 24 32
24 4 12 22
20 1 6 11 15 20 25
21 3 7 12 17 22 27
22 3 9 13 18 25 30
23 5 9 15 21 25 30
24 5 15
16
17
ENTRANCE
18
19
20
21
22
23
EXIT
24
25
26
27
28
29
30
3時間
月 日
先にゆく

1	freight rates [fréit réits]	16	clock
2	ticket window [tíkit]	17	entrance
3	ticket shelf [ʃelf]	18	ticket examiner [igzǽminə]
4	ticket agent [éidʒənt]	19	ticket punch [pʌntʃ]
5	date stamp	20	commuter [kəmjú:tə]
6	ticket panel [pǽnəl]	21	commutation ticket
7	round-trip ticket	22	ticket collector [kəléktə]
8	one-way ticket	23	exit
9	platform ticket	24	sweeper [swí:pə]
10	ticket machine	25	lost item
11	passenger [pǽsindʒə]	26	stray child [stréi tʃáild]
12	cuspidor [kʌ́spidɔə]	27	redcap
13	parcel [pɑ́:sl]	28	baggage checking bureau [bjú:rou]
14	baggage-man	29	waiting room
15	timetable	30	message board [mésidʒ]

STATION

駅②

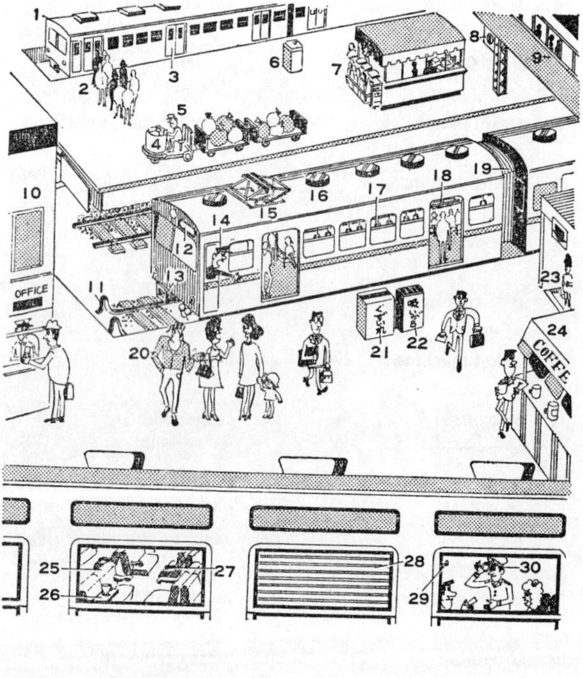
1
2
3
4
5
6
7
8
9
10
11
12
13
14
15
16
17
18
19
20
21
22
23
24
25
26
27
28
29
30
OFFICE
くずいれ
吸いがら
COFFE

1	train	16	ventilator [véntileitə]
2	procession [prəséʃən]	17	strap
3	double door	18	baggage rack
4	barrow [bǽrou]	19	hood [hud]
5	baggage cart	20	pickpocket [píkpɑkit]
6	water fountain/drinking fountain	21	ash can
7	kiosk [kiɑ́sk]	22	cigarette butt bin
8	loudspeaker	23	underpass [ʌ́ndəpæs]
9	girder bridge [gə́:də]	24	coffee stand
10	fare adjustment office	25	seat
11	buffer stop [bʌ́fə stɑp]	26	folding table
12	destination board	27	elbow rest [élbou]
13	coupler [kʌ́plə]	28	sunblind
14	conductor [kəndʌ́ktə]	29	coat rack
15	pantograph [pǽntəgræf]	30	ticket examiner [igzǽminə]

STATION

駅③

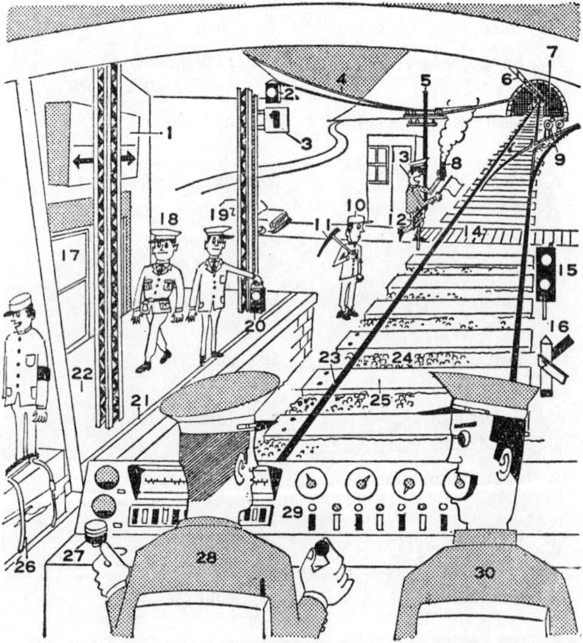
1
2
1
3
4
5
6
7
3
8
9
10
11
12
14
15
16
17
18
19
20
21
22
23
24
25
26
27
28
29
30

1	station name	16	grade post
2	platform signal	17	platform office
3	platform number	18	public-security officer
4	cable [kéibl]	19	station employee [emplɔií:]
5	electric pole	20	hand lamp
6	wire	21	white line
7	tunnel [tʌ́nl]	22	platform
8	smoke candle	23	rail
9	point switch	24	ballast [bǽləst]
10	lineman [láinmən]	25	tie [tai]
11	pick	26	driver's bag
12	crossing-signal	27	driving lever [lí:və]
13	crossing guard	28	driver
14	grade crossing	29	front platform
15	signal	30	assistant driver

SWITCHYARD

操車場

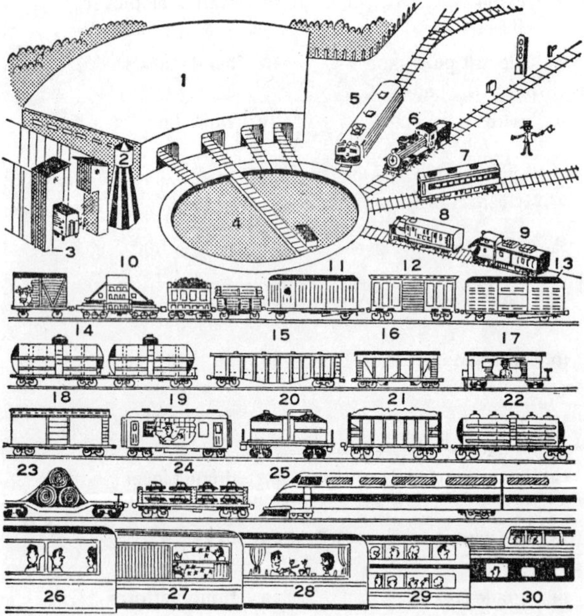

1	**car house**	16	**hopper** [hɑ́pə]
2	**water tower**	17	**caboose** [kəbú:s]
3	**washing sheds** [ʃedz]	18	**container** [kɑntéinə]
4	**turntable** [tə́:nteibl]	19	**mail coach** [koutʃ]
5	**electric locomotive**	20	**slack car** [slæk]
6	**steam locomotive engine**	21	**coal truck** [koul]
7	**Diesel engine car** [dí:zəl]	22	**wine carrier**
8	**rotary engine car**	23	**sunk-center flat**
9	**Russel snowplow** [rʌ́sl]	24	**car carrier** [kǽriə]
10	**cargo train**	25	**flier** [fláiə]
11	**baggage van** [væn]	26	**passenger coach**
12	**refrigerator** [rifrídʒəreitə]	27	**sleeper**
13	**cattle car**	28	**diner** [dáinə]
14	**oil tanker** [ɔ́il tǽnkə]	29	**observation car**
15	**open gondola** [gɑ́ndələ]	30	**dome car** [doum]

STREET

街路①

MARKET
14TH ST
7TH AV
BUS
NEWS
2
3
4
5
6
7
8
9
10
11
12
13
14
15
16
17
18
19
20
21
22
23
24
25
26
27
28
29
30

1	**signboard** [sáinbɔ:d]	16	**ragpicker** [rǽgpikə]
2	**sunshade** [sʌ́nʃeid]	17	**bus stop**
3	**indicator** [índikeitə]	18	**hydrant** [háidrənt]
4	**street lamp**	19	**curb** [kə:b]
5	**post**	20	**driveway** [dráivwei]
6	**signal** [sígnəl]	21	**street sprinkler** [spríŋklə]
7	**sky clock**	22	**traffic policeman** [pəlí:smən]
8	**telephone booth** [bu:θ]	23	**safety island**
9	**police box** [pəlí:s]	24	**shoeshine boy** [ʃú:ʃain]
10	**clock tower**	25	**parking meter** [mí:tə]
11	**street tree**	26	**road sweeper**
12	**sidewalk** [sáidwɔ:k]	27	**beggar** [bégə]
13	**pedestrian** [pidéstriən]	28	**ventilator** [véntileitə]
14	**crossing**	29	**newsboy** [njú:zbɔi]
15	**manhole** [mǽnhoul]	30	**street Arab** [ǽrəb]

STREET

街路②

1
2
3
4
5
6
7
8
9
10
11
12
13
14
15
16
17
18
19
20
21
22
23
24
25
26
27
28
29
30

1	**bunting** [bʌ́ntiŋ]	16	**Roman fighter** [fáitə]
2	**paper storm**	17	**buckler** [bʌ́klə]
3	**cavalry** [kǽvəlri]	18	**Indian**
4	**festival car** [féstivəl]	19	**feathers** [féðəz]
5	**queen**	20	**tomahawk** [tɑ́məhɔ:k]
6	**canopy** [kǽnəpi]	21	**trooper** [trú:pə]
7	**sahib** [sɑ́:hib]	22	**pennant** [pénənt]
8	**howdah** [háudə]	23	**motorcycle officer**
9	**cowboy**	24	**spectator** [spektéitə]
10	**stage-coach** [stéidʒ-koutʃ]	25	**military band**
11	**palankeen** [pælənkí:n]	26	**military uniform**
12	**turbaned coolie** [tə́:bənd kú:li]	27	**baton twirler** [twə́:lə]
13	**mask**	28	**baton** [bætɑ́n]
14	**fancy dress** [fǽnsi drés]	29	**leader**
15	**head-piece**	30	**streamer** [strí:mə]

CONSTRUCTION

工事現場

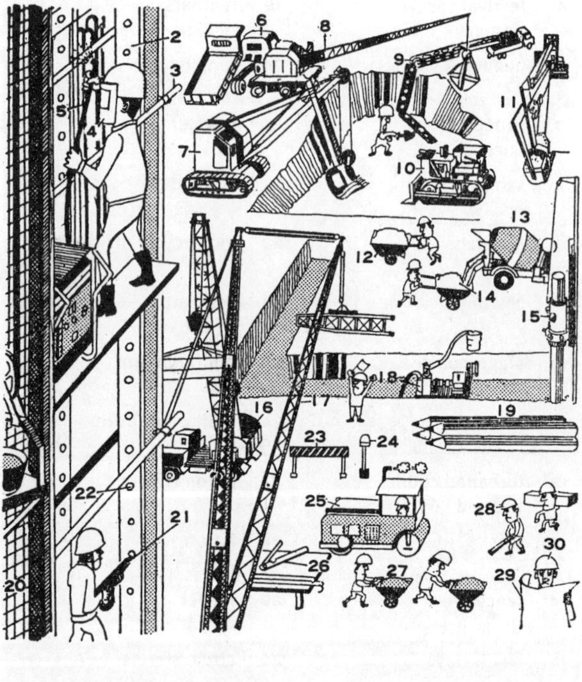

1	reinforcement bar [ri:infɔ́:smənt]	16	truck crane
2	steel frame	17	derrick
3	platform railing	18	pump [pʌmp]
4	welding mask [wéldiŋ]	19	concrete picket [píkit]
5	electric welder [wéldə]	20	elevator
6	dumptruck	21	riveter [rívitə]
7	power shovel [páuə ʃʌ́vl]	22	rivet [rívit]
8	clamshell bucket	23	hurdle [hə́:dl]
9	belt conveyor [kənvéiə]	24	safety lamp
10	bulldozer [búldouzə]	25	tandem roller [tǽndəm]
11	drag shovel [drǽg]	26	bar cutter
12	wheelbarrow [hwí:lbærou]	27	monocycle [mɑ́nəsaikl]
13	concrete mixer	28	laborer [léibərə]
14	concrete not yet hardened	29	blueprint [blú:print]
15	pile driver [pail]	30	site supervisor

PARK

公園①

1
2
3
4
5
6
7
8
9
10
11
12
13
14
15
16
17
18
19
20
21
22
23
24
25
26
27
28
29
30

1	**paddling-pool** [pǽdliŋ-]	16	**hopscotch** [hάpskatʃ]
2	**slide**	17	**leapfrog**
3	**giant stride** [dʒáiənt]	18	**toy cart**
4	**swinging pole**	19	**swing** [swiŋ]
5	**kite-flying** [káit-fláiiŋ]	20	**hanging-seesaw** [-sí:sɔ]
6	**swing boat**	21	**playing at housekeeping**
7	**catching** [kǽtʃiŋ]	22	**jungle gym** [dʒim]
8	**hoop** [hu:p]	23	**tricycle** [tráisikl]
9	**hopping** [hάpiŋ]	24	**tag** [tæg]
10	**piggyback ride**	25	**children's bicycle**
11	**iron bar**	26	**scribbling** [skríbliŋ]
12	**drop-the-handkerchief**	27	**scooter** [skú:tə]
13	**seesaw** [sí:sɔ:]	28	**sand pit**
14	**pedal car**	29	**scoop** [sku:p]
15	**rope-skipping**	30	**sand pail** [sǽnd peil]

PARK

公園②

1
2
3
4
5
6
7
8
9
10
11
12
13
14
15
16
17
18
19
20
21
22
23
24
25
26
27
28
29
30
HOT

1	entrance [éntrəns]	16	wall fountain
2	gate	17	pigeon [pídʒən]
3	gardener [gɑ́:dnə]	18	pond
4	lawn [lɔ:n]	19	boat
5	statue [stǽtʃu:]	20	duck
6	pedestal [pédistəl]	21	duckling [dʌ́kliŋ]
7	shrubbery [ʃrʌ́bəri]	22	bridge
8	alleyway [ǽliwei]	23	islet [áilit]
9	mound [maund]	24	monument [mɑ́njumənt]
10	overflow basin [béisn]	25	hammock [hǽmək]
11	railing	26	stump [stʌmp]
12	sun-bather [sʌ́n-beiðə]	27	open-air theater [θíətə]
13	kiosk [kiɑ́sk]	28	balloon [bəlú:n]
14	bench	29	hot dog stand [hɑ́tdɑg]
15	dustbin/trash can [dʌ́stbin]	30	Manikin Piss

THEATER

劇場

1
2
3
4
5
6
7
8
9
10
11
12
13
14
15
16
17
18
19
20
21
22
23
24
25
26
27
28
29
30

1	horizontal [hɔ:rizɑ́ntəl]	16	wing
2	horizontal light	17	usher [ʌ́ʃə]
3	fly lines	18	passage [pǽsidʒ]
4	set	19	gallery [gǽləri]
5	curtain [kə́:tin]	20	dress circle
6	trailer curtain [tréilə]	21	couple
7	background [bǽkgraund]	22	box
8	scene shifter [sí:n ʃíftə]	23	stage
9	moving tower	24	actor [ǽktə]
10	spotlight	25	actress [ǽktris]
11	light tower	26	revolving stage [rivɑ́lviŋ]
12	indirect light [indirékt]	27	footlights
13	light room	28	stage lift
14	light [lait]	29	orchestra [ɔ́:kistrə]
15	proscenium arch [prousí:niəm]	30	conductor [kəndʌ́ktə]

JAZZ CLUB
ジャズクラブ①

1	bass [beis]	16	snare drum [snɛə]
2	vibraphone [váibrəfoun]	17	trumpeter [trʌ́mpitə]
3	electronic organ	18	mouthpipe
4	cornet [kɔ́:nit]	19	piston rod [pístən rɑ́d]
5	tenor sax [ténə sæks]	20	finger hook
6	trombone [trɑmbóun]	21	mute [mju:t]
7	drummer [drʌ́mə]	22	clarinettist [klærinétist]
8	high hat	23	mouthpiece [máuθpi:s]
9	wire brush	24	bell
10	bass tom-tom [tɑ́m-tɑm]	25	singer [síŋə]
11	cymbal [símbəl]	26	guitarist [gitɑ́:rist]
12	stick	27	string
13	tom-tom	28	pick
14	cow bell	29	neck
15	bass drum	30	capo [kɑ́pou]

JAZZ CLUB

ジャズクラブ②

1	**honky-tonk piano**	16	**steel guitar**
2	**amplifier** [ǽmplifaiə]	17	**pick**
3	**western guitar** [gitá:]	18	**Hawaiian guitar**
4	**fiddle** [fídl]	19	**castanets** [kæstənéts]
5	**banjo** [bǽndʒou]	20	**conga** [káŋgə]
6	**harmonica** [hɑ:mánikə]	21	**bongo** [báŋgou]
7	**accordion** [əkɔ́:diən]	22	**timpano** [tímpənou]
8	**Dobro-guitar**	23	**claves** [kléivz]
9	**bandoneon**	24	**ocarina** [ɑkərí:nə]
10	**hula dancer** [hú:lə]	25	**güiro** [gírou]
11	**lei** [lei]	26	**maracas** [mərá:kəs]
12	**grass skirt**	27	**poncho** [pántʃou]
13	**tambourine** [tæmbərí:n]	28	**ruquinte**
14	**koni-au**	29	**Latin guitarist**
15	**ukulele** [ju:kəléili]	30	**classic guitar**

RESTAURANT

レストラン①

1	**waiter**	16	**goblet** [gɑ́blit]
2	**hand towel** [hǽnd táuəl]	17	**red-wine glass** [réd-wain]
3	**headwaiter** [hédwéitə]	18	**sherry glass** [ʃéri]
4	**table number**	19	**white-wine glass**
5	**pepper mill** [pépə mil]	20	**butter spreader** [sprédə]
6	**mustard pot** [mʌ́stəd pɑt]	21	**bread plate**
7	**cradle** [kréidl]	22	**hors d'oeuvre fork** [ɔ:də́:vr]
8	**butter knife** [bʌ́tə naif]	23	**fish fork**
9	**butter container**	24	**meat fork**
10	**menu** [ménju:]	25	**ornamental plate** [ɔ:nəméntəl]
11	**dessertspoon** [dizə́:tspú:n]	26	**napkin** [nǽpkin]
12	**fruit knife** [fru:t]	27	**meat knife**
13	**fruit fork**	28	**fish knife**
14	**demitasse spoon** [démitæs]	29	**hors d'oeuvre knife**
15	**champagne glass**	30	**soup spoon** [su:p]

RESTAURANT

レストラン②

1	cook	16	finger bowl [boul]
2	beefsteak [bí:fsteik]	17	sauce ladle [sɔ:s]
3	fried egg [fraid]	18	soup ladle [sú:p léidl]
4	saliva [səláivə]	19	fruit compote [kámpout]
5	salad [sǽləd]	20	salad servers
6	roast chicken [roust]	21	gratin dish [grǽtæŋ]
7	spaghetti [spəgéti]	22	sauceboat [sɔ́:sbout]
8	cook's hat/toque	23	boat-shape gratin dish
9	omelette [ámlit]	24	entrée dish [á:ntréi]
10	double boiler	25	marmite
11	braisingpan	26	curry pot [kə́:ri]
12	bain-marie [bɛ:ŋ-mærí]	27	almond case [á:mənd]
13	chef [ʃef]	28	shell
14	cake server	29	finger food set
15	soupstrainer [stréinə]	30	apron [éiprən]

BEER HALL

ビヤホール

1	ticket counter	16	cock [kɑk]
2	ticket	17	Bombe [bɔ́mbə]
3	stand bar	18	beer cask [kæsk]
4	toast [toust]	19	draught beer [dræft]
5	drunkard [drʌ́ŋkəd]	20	jug
6	foam [foum]	21	cap opener
7	bottled beer [bɑ́tld bíə]	22	neck
8	beer bottle	23	bottom [bɑ́təm]
9	potbelly	24	crown cap
10	waitress [wéitris]	25	beer glass [bíə glǽs]
11	handle	26	beer shell [ʃel]
12	tray [trei]	27	tulip glass [tjú:lip]
13	bartender	28	toothpick [tú:θpik]
14	mug [mʌg]	29	hors d'oeuvre [ɔ: də́:vr]
15	lid	30	peanuts [pí:nʌts]

BAR

バー

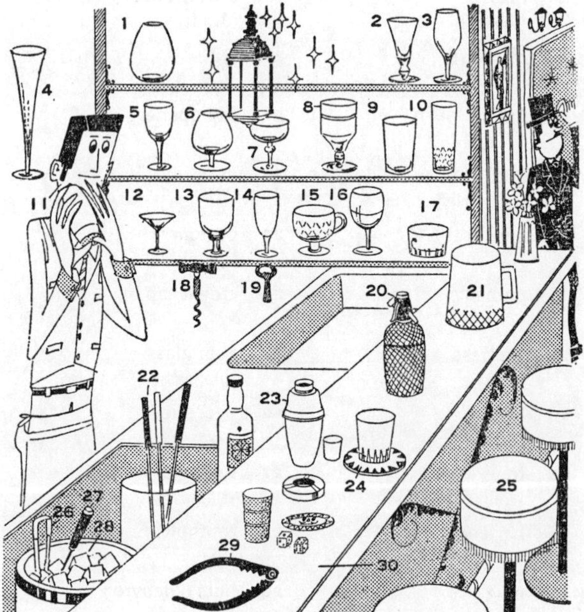
1
2
3
4
5
6
7
8
9
10
11
12
13
14
15
16
17
18
19
20
21
22
23
24
25
26
27
28
29
30

1	**snifter**	[sníftə]	16	**wine glass**	
2	**sherry glass**	[ʃéri]	17	**old-fashioned glass**	
3	**tulip champagne goblet**		18	**corkscrew**	[kɔ́:kskru:]
4	**flute glass**	[flu:t]	19	**cap opener**	
5	**liqueur glass**	[líkjuə]	20	**siphon bottle**	[sáifən bátl]
6	**brandy glass**	[brǽndi]	21	**carafe**	[kərǽf]
7	**champagne glass**	[ʃæmpéin]	22	**muddler**	[mʌ́dlə]
8	**absinthe glass**	[ǽbsinθ]	23	**shaker**	[ʃéikə]
9	**tumbler**	[tʌ́mblə]	24	**coaster**	[kóustə]
10	**collins glass**	[kálinz]	25	**stool**	[stu:l]
11	**bartender**	[bá:tendə]	26	**ice tongs**	[tɔŋz]
12	**cocktail glass**	[kákteil]	27	**ice pick**	[pik]
13	**goblet**	[gáblit]	28	**ice cube**	[kju:b]
14	**sour glass**	[sáuə]	29	**nutcracker**	[nʌ́tkrækə]
15	**punch glass**	[pʌntʃ]	30	**counter**	

NIGHT CLUB
ナイトクラブ

1	**band** [bænd]	16	**strip teaser** [tí:zə]
2	**mirror ball**	17	**navel** [néivl]
3	**chandelier** [ʃændilíə]	18	**tap dancer**
4	**modern ballet** [mɑ́dən bǽlei]	19	**magician** [mədʒíʃən]
5	**limbo dance** [límbou]	20	**door boy**
6	**line dance**	21	**cloak** [klouk]
7	**chorus girls** [kɔ́:rəs]	22	**manager** [mǽnidʒə]
8	**singer** [síŋə]	23	**waiter**
9	**master**	24	**bunny girl** [bʌ́ni]
10	**flamenco** [flɑ:méŋkou]	25	**pompon** [pɑ́mpɑn]
11	**cancan** [kǽnkæn]	26	**customer** [kʌ́stəmə]
12	**show dancer**	27	**cigarette girl** [sigərét gə́:l]
13	**plume** [plu:m]	28	**champagne** [ʃæmpéin]
14	**brassière** [brəzíə]	29	**champagne bucket**
15	**butterfly** [bʌ́təflai]	30	**champagne glass**

BILLIARD HALL
ビリヤード

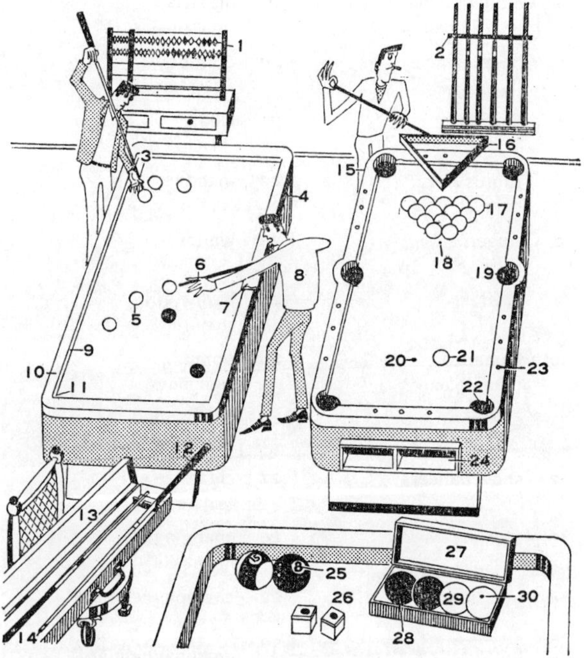

1	score keeper [skɔə]	16	triangle [tráiæŋgl]
2	cue rack [kjú:rǽk]	17	snooker ball
3	massé [mæséi]	18	head spot
4	carom table [kǽrəm]	19	side pocket
5	object ball [ɑ́bdʒikt]	20	foot spot
6	bridge	21	cue ball
7	powder	22	corner pocket
8	hustler [hʌ́slə]	23	striking mark
9	cushion [kúʃən]	24	ball rack
10	rail	25	ball number
11	corner	26	chalk [tʃɔ:k]
12	cue	27	ball case
13	cue case	28	red ball
14	tap	29	white ball
15	snooker table [snú:kə]	30	black dot

PLEASURE GROUND

遊園地

1	**fireworks** [fáiəwə:ks]	16	**giant stride**
2	**wonderland** [wʌ́ndəlænd]	17	**round-up** [ráund-ʌp]
3	**pirate ship** [páirit ʃíp]	18	**coffee-cup**
4	**lift**	19	**mad mouse** [mǽd máus]
5	**Ferris wheel** [féris]	20	**mini-train**
6	**tower**	21	**merry-go-round**
7	**monorail** [mɑ́nəreil]	22	**dodgems**
8	**astro jet**	23	**rocking horse**
9	**jet coaster**	24	**traband** [trǽbənd]
10	**revolving rocket**	25	**money-exchange** [mʌ́ni-ikstʃéindʒ]
11	**gocart** [góukɑ:t]	26	**guide girl**
12	**excursion boat** [ikskə́:ʃən]	27	**curved mirror**
13	**water shoot**	28	**skill game**
14	**revolving boat**	29	**target practice** [tɑ́:git]
15	**rotor**	30	**punching ball**

CIRCUS

サーカス①

1	tight-rope walking [tait-]	16	den [den]
2	balancing pole [bǽlənsiŋ]	17	lion's riding on ball
3	Help !	18	beast trainer [bi:st]
4	seesaw somersault [sʌ́məsɔ:lt]	19	whip [hwip]
5	rope-bicycling [-báisikliŋ]	20	fire hoop [fáiə hú:p]
6	air swing	21	seal's ball tricks [si:lz]
7	trapeze [trəpí:z]	22	human pyramid [pírəmid]
8	trapeze acrobat [ǽkrəbæt]	23	iron bar bending
9	trick cycling	24	high monocycle [mɑ́nəsaikl]
10	trampoline [trǽmpəli:n]	25	weight-lifting
11	entry [éntri]	26	mini-bicycle [míni-]
12	seats	27	monocycle
13	four-chair tower	28	blind knife [blaind]
14	human tower	29	clever horse [klévə]
15	safety net	30	plate-turning

CIRCUS

サーカス②

1	air docking [ɛ́ə dɑ́kiŋ]	16	dog's walking
2	aerialist [ɛ́:riəlist]	17	bear's stand-up
3	orchestra	18	elephant's trunk-tricks
4	balancing act	19	elephant's parade
5	riding-on-the-ball	20	slipping-the-bonds
6	ball	21	juggling [dʒʌ́gliŋ]
7	foot tricks	22	ventriloquist [ventríləkwist]
8	human jet [hjú:mən dʒét]	23	dummy [dʌ́mi]
9	high dive [hái dáiv]	24	strong man
10	barrel [bǽrəl]	25	dwarf [dwɔ:f]
11	equestrian feats [ikwéstriən fí:ts]	26	acrobat [ǽkrəbæt]
12	iron bar acrobatics	27	clown [klaun]
13	monkey's trick	28	loose clothes
14	Uncle Sam [ʌ́ŋkl sǽm]	29	worn-out shoes
15	horse dance	30	body-sawing

CASINO

カジノ①

1
2
3
4
5
6
7
8
9
10
11
12
13
14
15
16
17
18
19
20
21
22
23
24
25
26
27
28
29
30
Impair
Pair

1	coin calculator [kǽlkjuleitə]	16	money rake [reik]
2	money-bag	17	chip
3	guard [gɑ:d]	18	roulette [ru:lét]
4	repairman [ripέəmən]	19	roulette table
5	chip desk [tʃip]	20	service girl
6	card distributor	21	bankrupt [bǽŋkrʌpt]
7	card	22	dice [dais]
8	card chute [ʃu:t]	23	dice table
9	chip case	24	keeper
10	gambler [gǽmlə]	25	winner
11	card table	26	coin
12	sunshield [sʌ́nʃi:ld]	27	slot machine [slάt məʃí:n]
13	banker	28	slot
14	layout [léiaut]	29	handle
15	bet	30	mouth

CASINO
カジノ②

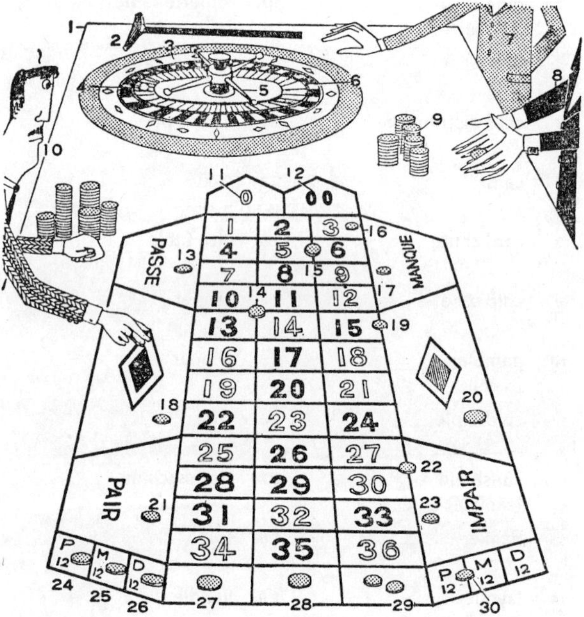
1
2
3
4
5
6
7
8
9
10
11
12
0
00
1 2 3
4 5 6
7 8 9
10 11 12
13 14 15
16 17 18
19 20 21
22 23 24
25 26 27
28 29 30
31 32 33
34 35 36
13
14
15
16
17
18
19
20
21
22
23
PASSE
MANQUE
PAIR
IMPAIR
P 12
M 12
D 12
P 12
M 12
D 12
24
25
26
27
28
29
30

1	roulette table [ru:lét]	16	one single number [síŋgl]
2	money rake	17	low [lou]
3	bowl [boul]	18	black
4	ball	19	one of three consecutive numbers
5	cross handle	20	red
6	wheel [hwi:l]	21	even [í:vn]
7	operator [ɑ́pəreitə]	22	one of six consecutive numbers
8	bank	23	odd [ɑd]
9	pool [pu:l]	24	first dozen [dʌ́zn]
10	player [pléiə]	25	second dozen
11	zero [zí:rou]	26	third dozen
12	double zero [dʌ́bl]	27	first column [kɑ́ləm]
13	high	28	second column
14	one of four numbers	29	third column
15	one of two numbers	30	two dozens [dʌ́znz]

CASINO

カジノ③

1
2
3
4
5
6
7
8
9
10
11
12
13
14
15
16
17
18
19
20
21
22
23
24
25
26
27
28
29
30

1	shuffling [ʃʌ́fliŋ]	16	diamond [dáiəmənd]
2	cutting [kʌ́tiŋ]	17	four of a kind
3	pack of cards [pæk]	18	full house
4	blackjack [blǽkdʒæk]	19	flush
5	elder hand [éldə]	20	one-eyed jack
6	dealer [dí:lə]	21	spade [speid]
7	poker chips [póukə]	22	straight
8	poker face	23	ace [eis]
9	ante [ǽnti]	24	three of a kind
10	younger hand	25	king
11	joker [dʒóukə]	26	two pairs [tú: pέəs]
12	almighty [ɔ:lmáiti]	27	club
13	royal flush [rɔ́iəl flʌ́ʃ]	28	one pair
14	jack	29	queen
15	straight flush	30	heart [hɑ:t]

CLUB

クラブ

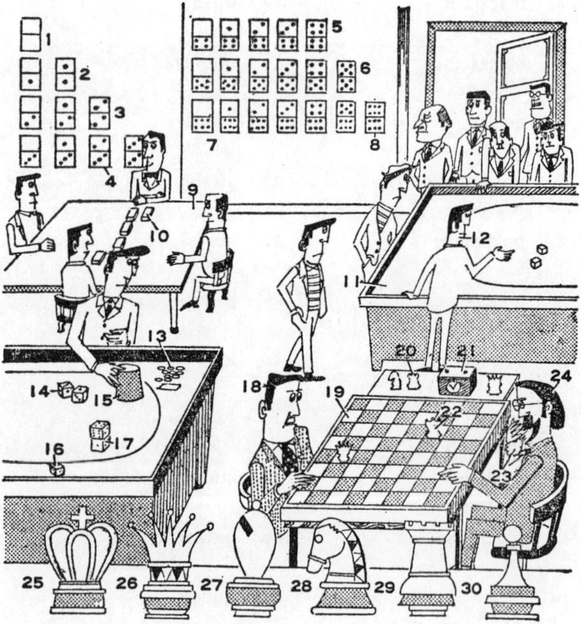
1
2
3
4
5
6
7
8
9
10
11
12
13
14
15
16
17
18
19
20
21
22
23
24
25
26
27
28
29
30

RACE TRACK

競馬場①

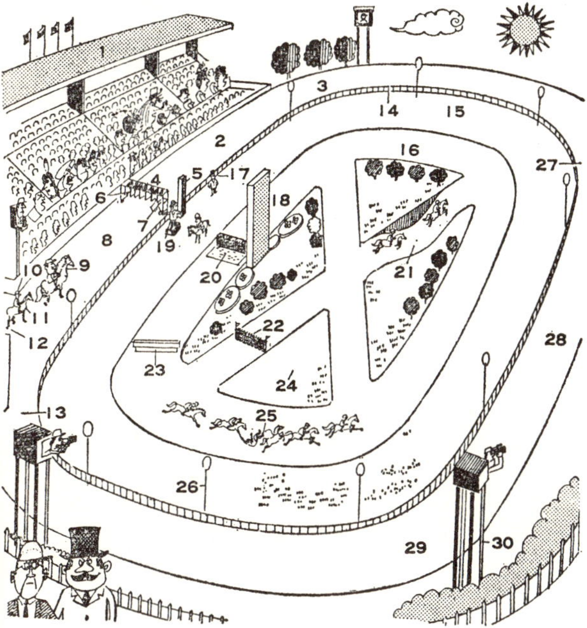

1	**double blank** [dʌ́bl blǽŋk]	16	**foul** [faul]
2	**suit of one** [su:t]	17	**cock** [kɑk]
3	**suit of two**	18	**White**
4	**suit of three**	19	**chessboard**
5	**suit of four**	20	**captured piece** [kǽptʃəd]
6	**suit of five**	21	**double-clock**
7	**suit of six**	22	**piece**
8	**doublet** [dʌ́blit]	23	**cough** [kɔ:f]
9	**dominoes table** [dɑ́minouz]	24	**Black**
10	**bone** [boun]	25	**king**
11	**craps table** [kræps]	26	**queen**
12	**shooter** [ʃú:tə]	27	**bishop** [bíʃəp]
13	**bet**	28	**knight** [nait]
14	**dice** [dais]	29	**rook** [ruk]
15	**dicebox**	30	**pawn** [pɔ:n]

1	main stand	16	steeple course [stí:pl]
2	dirt course [də́:t kɔ́:s]	17	judge [dʒʌdʒ]
3	1st corner [fə:st]	18	ranking board [rǽŋkiŋ bɔ́:d]
4	starting gate [stɑ́:tiŋ géit]	19	flagman [flǽgmən]
5	phototimer [fóutoutaimə]	20	pool obstacle [ɑ́bstəkl]
6	outer frame [áutə freim]	21	banquet [bǽŋkwit]
7	inner frame [ínə]	22	brushwood obstacle
8	homestretch [hóumstretʃ]	23	bank
9	guide horse [gáid hɔ́:s]	24	inner paddock [pǽdək]
10	jockey [dʒɑ́ki]	25	fall
11	race-horse	26	furlong pole [fə́:lɔŋ]
12	horse entrance	27	2nd corner [sékənd]
13	4th corner [fɔ:θ]	28	backstretch [bǽkstretʃ]
14	stockade [stɑkéid]	29	3rd corner [θə:d]
15	turf course [tə:f]	30	course judge's stand

RACE TRACK

競馬場②

1	**pool ticket window**	16	**riding jacket**
2	**exchange** [ikstʃéindʒ]	17	**whip** [hwip]
3	**bet rate table**	18	**jodhpurs** [dʒɑ́dpəz]
4	**paddock**	19	**riding boot**
5	**gag bit** [gæg]	20	**saddle** [sǽdl]
6	**mask** [mæsk]	21	**stirrup leather** [stírəp léðə]
7	**forelock** [fɔ́əlɑk]	22	**stirrups**
8	**mane**	23	**girth**
9	**rein** [rein]	24	**cannon** [kǽnən]
10	**stableman** [stéiblmən]	25	**hoof** [hu:f]
11	**water pail**	26	**horseshoe**
12	**squirt** [skwə:t]	27	**blinders** [bláindəz]
13	**horse dung** [hɔ́:s dʌŋ]	28	**tail**
14	**jockey cap**	29	**racing form**
15	**goggles** [gɑ́glz]	30	**pool ticket**

STADIUM

陸上競技場①

1	hammer thrower	16	triple jumper [trípl]
2	net	17	umpire [ʌ́mpaiə]
3	hammer	18	broad jumper [brɔ:d]
4	throwing circle	19	jumping pit
5	discus thrower [dískəs]	20	measure [méʒə]
6	discus	21	high jumper
7	javelin [dʒǽvlin]	22	jumping bar
8	javelin thrower	23	record marker
9	shot-putter	24	pole-jumper [poul]
10	shot	25	pole
11	runway [rʌ́nwei]	26	jumping post
12	take-off board	27	mark
13	hop [hɑp]	28	trunks [trʌŋks]
14	step	29	training shirt
15	jump	30	training pants

STADIUM

陸上競技場②

1	sacred fire [séikrid]	16	crouching start [kráutʃiŋ]
2	electric signboard	17	starting line
3	marathon runner [mǽrəθɑn]	18	straight course
4	walking racer	19	course line
5	round course	20	timekeeper
6	curb [kə:b]	21	tape
7	standing start	22	goal
8	runner [rʌ́nə]	23	starting block
9	baton [bætɑ́n]	24	hurdle [hə:dl]
10	bell	25	winner
11	rail	26	medal
12	pool	27	honor platform [ɑ́nə]
13	measurer of a premature start	28	water sprinkler
14	pistol [pístəl]	29	lime sprinkler [laim]
15	starter	30	spiked shoes [spaikt]

GYMNASIUM

体育館①

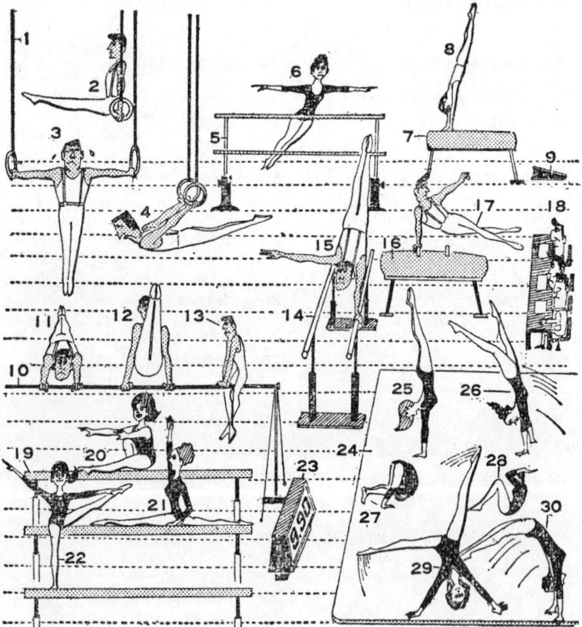

1	rings	16	vaulting horse
2	L-support [él-səpɔ́:t]	17	scissors [sízəz]
3	crucifix [krú:sifiks]	18	judges
4	horizontal stand	19	beam
5	uneven parallel bars	20	one-leg squat [skwɑt]
6	swan	21	front split
7	long horse vault	22	single-leg balance
8	handspring vault	23	point board
9	leaping board	24	mat
10	horizontal bar	25	hand standing
11	foward grand circle	26	handspring
12	rear-way pull-over	27	forward roll
13	crotch circle [krɑtʃ]	28	backward roll
14	parallel bars	29	cartwheel [kɑ́:twi:l]
15	one-hand stand	30	backward handspring

GYMNASIUM

体育館②

1	side line	16	leather glove
2	free-throw line	17	arrow [ǽrou]
3	shoulder pass [ʃóuldə pǽs]	18	quiver [kwívə]
4	dribble [dríbl]	19	armguard [ɑ́:mgɑ:d]
5	center circle [sə́:kl]	20	table
6	jump shot	21	net
7	basketball	22	net clamp
8	goal [goul]	23	shake hand [ʃéik]
9	backboard	24	ping-pong ball [píŋ-pɑŋ]
10	chest pass [tʃést]	25	cut
11	overhead pass	26	service line
12	target [tɑ́:git]	27	smash [smæʃ]
13	archer [ɑ́:tʃə]	28	pen holder [hóuldə]
14	bow [bou]	29	paddle
15	bowstring [bóustriŋ]	30	pebble-grained face

GYMNASIUM

体育館③

1	scales [skeilz]	16	judge
2	weight lifter [wéit líftə]	17	wrestler [réslə]
3	magnesium	18	mat
4	jerk [dʒə:k]	19	back-flip
5	shaft rack	20	center circle [séntə sə́:kl]
6	shaft	21	nelson [nélsn]
7	plate stand	22	corner
8	plate	23	leg hold
9	press	24	fall
10	trunks	25	leg-split
11	snatch [snætʃ]	26	Boston-crab
12	ring	27	airplane spin
13	referee [refərí:]	28	pinfall
14	judge lamp [dʒʌ́dʒ]	29	ankle hold
15	jury [dʒú:ri]	30	bridge

GYMNASIUM

体育館④

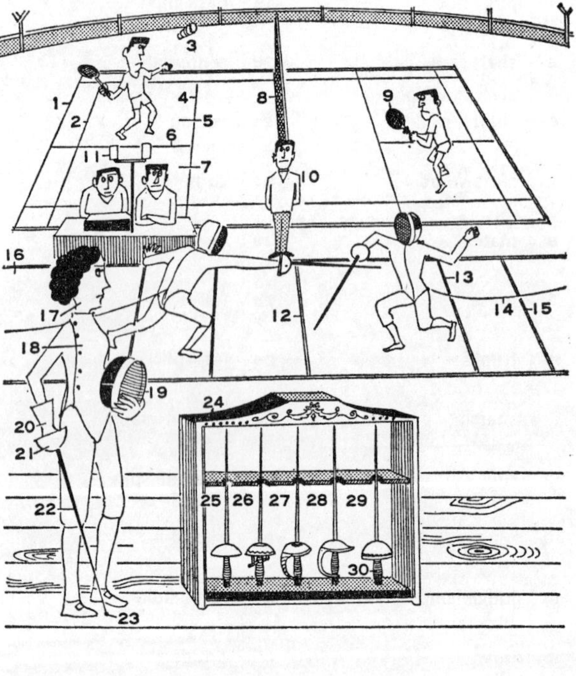

1	back boundary line	16	pist
2	long service line	17	fencer [fénsə]
3	shuttlecock [ʃʌ́tlkɑk]	18	metal jacket
4	short service line	19	wire mask
5	left half court	20	gauntlet [gǽntlit]
6	center line	21	sword guard [sɔ́:d]
7	right half court	22	blade
8	net	23	button [bʌ́tn]
9	badminton racket [bǽdmintən]	24	sword rack [ræk]
10	director	25	French foil [fɔ́il]
11	decision lamp [disíʒən]	26	Italian foil [itǽljən]
12	position line	27	Olympic saber [əlímpik séibə]
13	caution line [kɔ́:ʃən]	28	Hungarian saber
14	tension-reel [ténʃən-ri:l]	29	French épée [eipéi]
15	boundary line	30	hilt [hilt]

GYMNASIUM

体育館⑤

1	chief umpire [ʌ́mpaiə]	16	setter [sétə]
2	umpire's chair	17	spiker [spáikə]
3	net	18	blocking [blάkiŋ]
4	center line	19	over net
5	side line	20	revolving receive [rivάlviŋ risíːv]
6	attack line [ətǽk]	21	touch net
7	attack area [ɛ́ːriə]	22	diving receive
8	end line	23	whistle [hwísl]
9	volleyball [vάlibɔːl]	24	knee pad [níː pǽd]
10	server [sə́ːvə]	25	center goal [goul]
11	side marker	26	goal line
12	pole	27	goal area
13	vice umpire [vais]	28	14M line
14	line umpire	29	free throw line
15	manager	30	35M line [θə́ːti-fáiv míːtə]

BASEBALL

野球場①

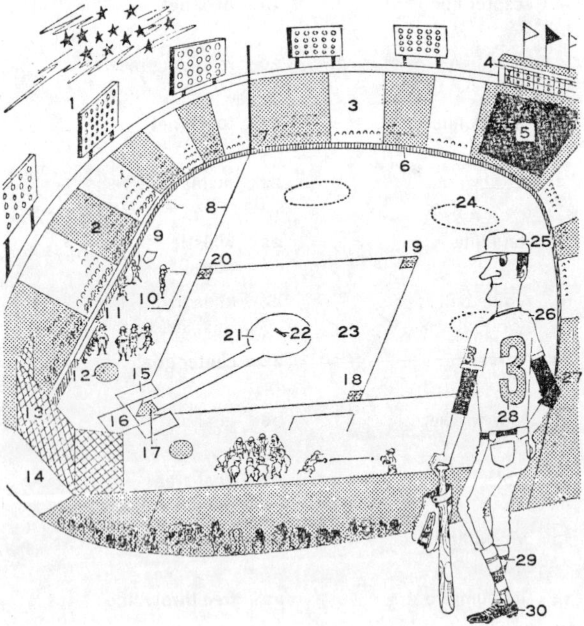

1	light	16	catcher's box
2	infield bleachers [ínfi:ld blí:tʃəz]	17	home plate
3	outfield bleachers	18	first base
4	scoreboard [skɔ́əbɔ:d]	19	second base
5	center-field screen	20	third base
6	fence	21	mound [maund]
7	pole	22	plate
8	foul line [faul]	23	infield
9	bull pen	24	outfield
10	coach's box	25	baseball cap
11	dugout [dʌ́gaut]	26	uniform [jú:nifɔ:m]
12	next batter's circle	27	undershirt [ʌ́ndəʃə:t]
13	backstop [bǽkstɑp]	28	uniform number
14	grandstand	29	stocking
15	batter's box	30	spiked shoes

BASEBALL

野球場②

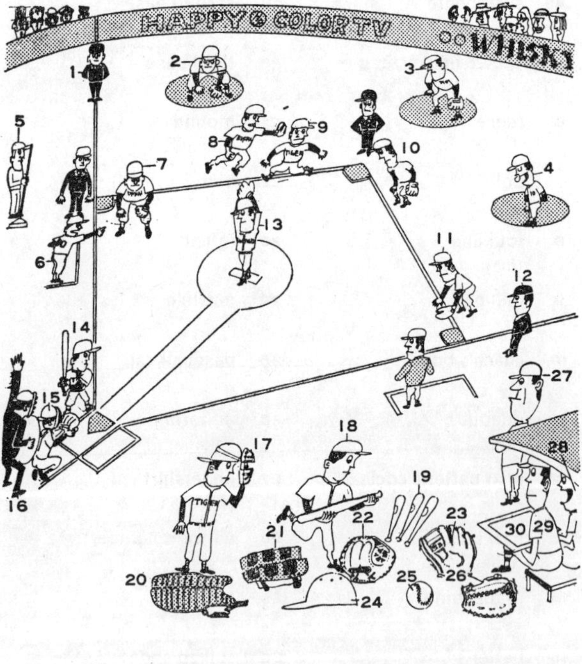

1	line umpire	16	chief umpire [ʌ́mpaiə]
2	left fielder [fíːldə]	17	mask
3	center fielder	18	bat boy
4	right fielder	19	bat
5	ground man	20	protector [prətéktə]
6	coach [kóutʃ]	21	leg guard [gɑːd]
7	third baseman [béismən]	22	catcher's mitt [mit]
8	shortstop [ʃɔ́ːtstɑp]	23	glove [glʌv]
9	base runner	24	helmet [hélmit]
10	second baseman	25	baseball
11	first baseman	26	first baseman's mitt
12	base umpire	27	manager
13	pitcher [pítʃə]	28	benchwarmer [béntʃwɔ́ːmə]
14	batter [bǽtə]	29	scorer [skɔ́ərə]
15	catcher [kǽtʃə]	30	scorebook

BASEBALL

野球場③

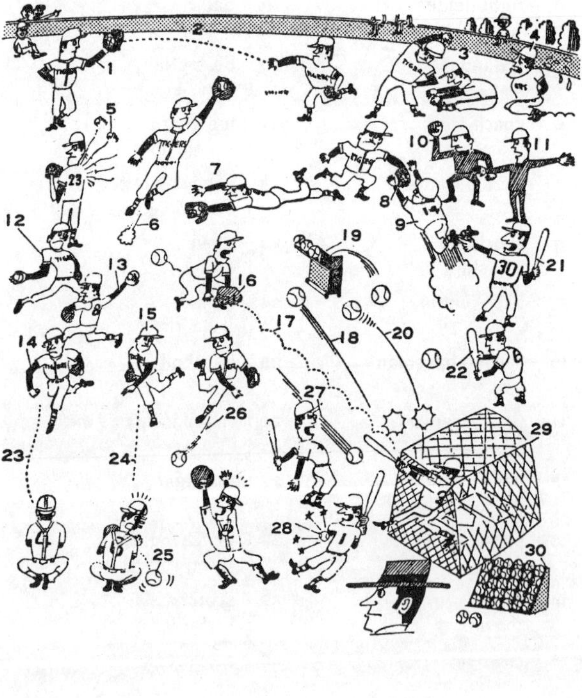

1	single-handed catch	16	error [érə]
2	playing catch	17	grounder [gráundə]
3	warming-up [wɔ́:miŋ-ʌp]	18	liner
4	low-squat bunny hops	19	pitching machine
5	windup [wáindʌp]	20	fly
6	jumping catch	21	knock [nɑk]
7	sliding catch [sláidiŋ]	22	bunt [bʌnt]
8	touch	23	curve [kə:v]
9	sliding	24	straight pith
10	out	25	passed ball
11	safe	26	wild throw
12	under throw	27	bean ball
13	overhand throw	28	hit by a pitch
14	sidearm throw	29	batting cage
15	southpaw [sáuθpɔ:]	30	ball rack

TENNIS COURT

テニスコート

1	roller	16	forecourt [fɔ́:kɔ:t]
2	scoreboard	17	lob [lɑ́b]
3	umpire	18	tennis player
4	back line	19	volley [vɑ́li]
5	backcourt	20	smash
6	center mark	21	handle
7	side line	22	frame
8	service line	23	string
9	left service court	24	tennis ball
10	half court line	25	forehand
11	right service court	26	tennis skirt
12	ball boy	27	backhand
13	reel [ri:l]	28	spare ball
14	post [poust]	29	racket [rǽkit]
15	net	30	tennis shoes

BOXING GYM

ボクシングジム

1	second	16	ducking [dʌ́kiŋ]
2	towel [táuəl]	17	weaving [wí:viŋ]
3	gong [gɔ:ŋ]	18	straight [streit]
4	ring-rope	19	low blow
5	mat	20	rope skipping
6	boxer [bɑ́ksə]	21	sandbag [sǽndbæg]
7	boxing shoes	22	butting [bʌ́tiŋ]
8	glove [glʌv]	23	blocking
9	down	24	uppercut [ʌ́pəkʌt]
10	pad	25	punching-ball
11	mouthpiece [máuθpi:s]	26	thumbing [θʌ́miŋ]
12	bandage [bǽndidʒ]	27	body blow
13	gown [gaun]	28	hold
14	trainer	29	headgear [hédgiə]
15	hook	30	clinch [klintʃ]

SOCCER FIELD

サッカー場

1	corner flag	16	left wing
2	corner area [ɛ́:riə]	17	left inner
3	goal line [góul]	18	center forward
4	goal	19	right inner
5	goal keeper [kí:pə]	20	right wing
6	penalty area [pénəlti]	21	halfway line
7	penalty mark	22	referee [refərí:]
8	goal area	23	center circle
9	left back	24	shoot [ʃu:t]
10	right back	25	kick
11	linesman [láinzmən]	26	hand
12	left half	27	pass
13	center half	28	dribble [dríbl]
14	right half	29	throw-in [θróu-in]
15	touch line	30	heading [hédiŋ]

FOOTBALL

フットボール場

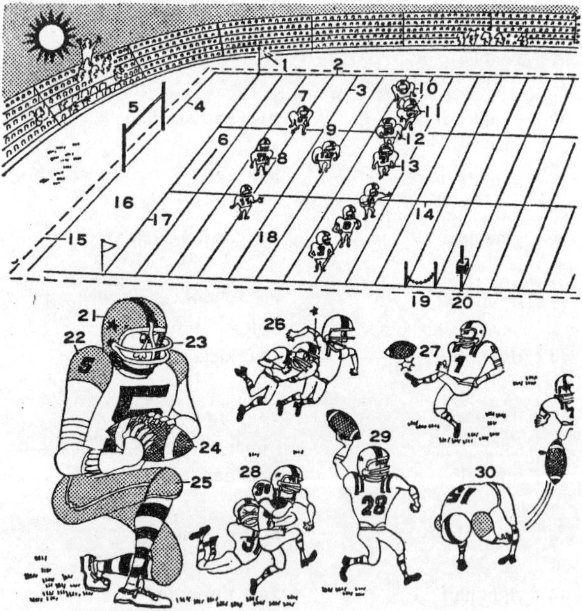

1	corner flag [flæg]	16	end zone
2	sideline	17	goal line
3	yard line [jɑ:d]	18	side zone
4	end line	19	yard chain
5	goal post [goul]	20	down marker
6	3yds line	21	helmet [hélmit]
7	halfback	22	shoulder pad
8	fullback [fúlbæk]	23	face guard
9	quarterback	24	football [fútbɔ:l]
10	end	25	kneepad [ní:pæd]
11	tackle [tǽkl]	26	clipping
12	guard [gɑ:d]	27	kick [kik]
13	center	28	tackling [tǽkliŋ]
14	inbounds line	29	forward pass
15	limit line	30	snapback [snǽpbæk]

BOWLING

ボウリング場

1	pin-indicator	16	approach [əpróutʃ]
2	big four	17	dowels
3	Christmas tree	18	bowler [bóulə]
4	dinner bucket	19	bowling bag
5	wool-worth [wúl-wəːθ]	20	hand drier
6	picket fence	21	bowling ball
7	pin-spotter [pín-spɑtə]	22	return rack
8	sliced ball	23	bowling shoes
9	gutter	24	bowling glove
10	rangefinders	25	score card
11	lane [lein]	26	strike
12	hooked ball [hukt]	27	spare [spɛə]
13	bowling pin	28	miss
14	ball rack	29	foul
15	foul line [faul]	30	split [split]

TRAINING GYM

トレーニングジム

1	**dry-heat sauna** [sáunə]	16	**jumping** [dʒʌ́mpiŋ]
2	**hurdle** [hə́:dl]	17	**stationary bike**
3	**locker** [lákə]	18	**isometric kit** [aisəmǽtrik]
4	**bath towel** [bæθ]	19	**spring steel chest**
5	**massager** [mǽsɑ:ʒə]	20	**treadmill**
6	**massage bed**	21	**slant board**
7	**riding**	22	**spring**
8	**weight lifting**	23	**somersault** [sʌ́məsɔ:lt]
9	**climbing**	24	**spirometer** [spairámitə]
10	**chinning bar**	25	**hand-dynamometer**
11	**bench pressing**	26	**slenderizor** [slendəráizə]
12	**scale**	27	**chubby**
13	**belt massager**	28	**exercise boot**
14	**rowing** [róuiŋ]	29	**hand grip**
15	**ball throwing**	30	**dumbbell** [dʌ́mbel]

SWIMMING POOL

水泳プール

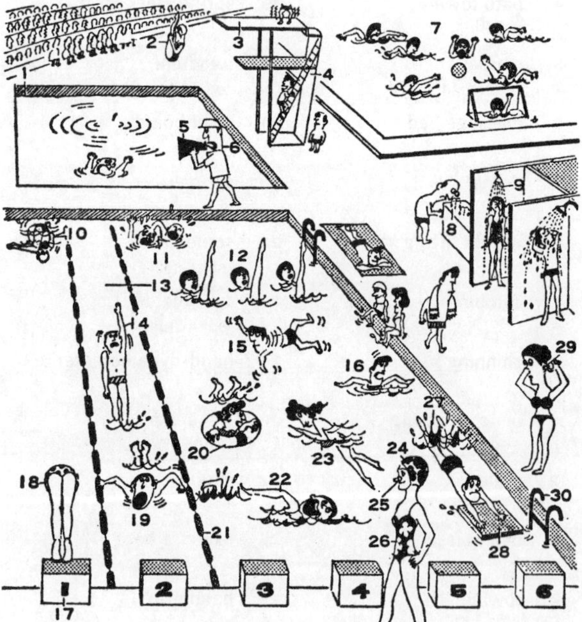

1	**diving pool** [pu:l]	16	**treading water**
2	**high dive** [daiv]	17	**course stand**
3	**diving board**	18	**dive** [daiv]
4	**diving tower**	19	**butterfly stroke** [bʌ́təflai]
5	**megaphone** [mégəfoun]	20	**tube** [tju:b]
6	**life guard**	21	**course rope**
7	**water polo** [póulou]	22	**crawl stroke** [krɔ:l]
8	**eye washer**	23	**sidestroke**
9	**shower** [ʃáuə]	24	**swimming cap**
10	**somersault turn**	25	**noseplug** [nóuzplʌg]
11	**dunking**	26	**swimsuit** [swímsù:t]
12	**synchronized swimming** [síŋkrənaizd]	27	**thrash** [θræʃ]
13	**lane**	28	**thrash board**
14	**back stroke** [strouk]	29	**earplug** [íəplʌg]
15	**breast stroke**	30	**catch**

ICE RINK

スケート場①

1	lighting clock	16	pivot circle [pívət]
2	spiral	17	novice [nɑ́vis]
3	rink cleaner	18	handrail
4	coach [koutʃ]	19	dressing room
5	figure skater	20	locker [lɑ́kə]
6	cross [krɔːs]	21	bench
7	twizzle	22	gloves
8	jump [dʒʌmp]	23	figure skates
9	ice dance	24	figure edge
10	group skating	25	edge [edʒ]
11	speed skater	26	speed skates
12	skating suit	27	speed edge
13	skating cap	28	polishing grinder
14	spin [spin]	29	edge case
15	pair skating	30	rent counter

ICE RINK

スケート場②

1	penalty bench	16	right defense
2	shift	17	left defense
3	fence [fens]	18	goal keeper
4	goal cage	19	goal line
5	goal crease area	20	goal post
6	end face-off spot	21	hockey cap [háki]
7	forward [fɔ́:wəd]	22	stick [stik]
8	center zone	23	kneepad
9	blue line	24	ice hockey skates
10	judge	25	shoot [ʃu:t]
11	center face-off spot	26	high stick
12	center	27	dribble [dríbl]
13	center line	28	puck [pʌk]
14	right wing	29	cross check
15	left wing	30	pass

PRO WRESTLING

プロレス場

1	champion belt	16	back drop
2	touch-string	17	figure 4 leg lock
3	pro wrestler	18	leg split
4	body crash	19	pile driver
5	referee [refərí:]	20	flying head scissors
6	mask [mæsk]	21	body scissors
7	tights [taits]	22	head bat
8	corner post	23	knee drop [ní: drɑp]
9	ringside [ríŋsaid]	24	body slam [bɑ́di slæm]
10	head lock	25	cobra twist
11	Boston crab hold	26	hammer throw
12	bearhug	27	jumping kick
13	spine break [spain]	28	karate chop
14	bite [bait]	29	full nelson [fúl nelsn]
15	key lock	30	elbow blow [élbou blou]

AUTO RACE
自動車レース場

1	hairpin curve [hέəpin]	16	grand touring car
2	S curve	17	air spoiler [spɔ́ilə]
3	bank	18	prototype car [próutətaip]
4	control tower	19	turbine-car [tə́:bin-]
5	clock tower	20	stock car
6	gas supplier	21	hotrod car [hɑ́trɑd]
7	timeboard [táimbɔ:d]	22	starting line
8	timer	23	Formula One [fɔ́:mjulə]
9	pit	24	megaphone pipe
10	pitman [pítmən]	25	helmet
11	signboard [sáinbɔ:d]	26	racer
12	one-stroke jack	27	full harness
13	checker flag [tʃékə]	28	ventilator [véntileitə]
14	flag marshal	29	racing mirror
15	paddock [pǽdək]	30	racing tire

SHOOTING GROUND

射撃場

1	running deer	16	shooting mat
2	silhouette [siluét]	17	pillow
3	smallbore rifle target	18	cartridge case
4	high-trap	19	elbow pad
5	shooting station	20	filtered glasses
6	low-trap	21	shooting coat
7	clay pigeon [klei]	22	glove
8	trap house	23	trap gun
9	trap machine	24	air rifle
10	prone position	25	skeet gun [ski:t]
11	standing position	26	trap button
12	smallbore rifle	27	revolver
13	scope	28	free-pistol
14	spotting scope	29	silhouette gun
15	kneeling position	30	air rifle target

GOLF COURSE

ゴルフ場①

1	caddie [kǽdi]	16	clubhead
2	golf cart	17	wedge
3	golfer	18	cash-in putter [kǽʃ-in]
4	golf cap	19	iron [áiən]
5	golf glove	20	head-cover
6	golf shoe	21	golf bag
7	putter [pʌ́tə]	22	grip
8	marker	23	shaft [ʃæft]
9	tee [ti:]	24	scraper
10	golf ball	25	ball-washer
11	dimple [dímpl]	26	score card [skɔə]
12	driver	27	middle hole
13	brassie [brǽsi]	28	long hole
14	spoon	29	short hole
15	baffie [bǽfi]	30	par [pɑ:]

GOLF COURSE

ゴルフ場②

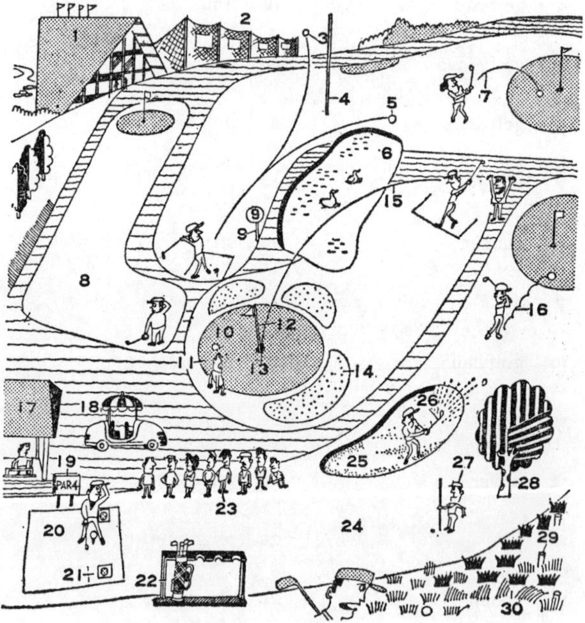

1	clubhouse	16	running shot
2	training site	17	caddie house [kǽdi]
3	hooked ball	18	course car
4	objective pole	19	yard board
5	sliced ball	20	teeing ground [tí:iŋ]
6	water hazard [hǽzəd]	21	tee-mark
7	pitching shot	22	bag-stand
8	dog-leg hole	23	gallery [gǽləri]
9	course number plate	24	fairway [fέəwei]
10	putting green [pʌ́tiŋ]	25	fairway bunker [bʌ́nkə]
11	green-edge	26	bunker shot
12	pin	27	fairway caddie
13	hole	28	tree hazard
14	green bunker	29	OB post
15	hole in one	30	rough [rʌf]

SKIING GROUND
スキー場

1	depot flag [dí:pou]	16	kickturn
2	ski track	17	ski-lift
3	mark	18	approach
4	ski [ski:]	19	ski-jumping
5	safety binding	20	traverse
6	binding	21	angulation [æŋgjuléiʃən]
7	edge	22	side-slipping
8	hairband	23	schuss [ʃus]
9	leather knob	24	snowplow
10	stock	25	amble
11	mitten [mítn]	26	keeper of skis for hire
12	stock ring	27	sleigh [slei]
13	skiing pants	28	snowboat [snóubout]
14	skiing boot	29	first-aid station
15	bobsleigh [bɑ́bslei]	30	cabin

MOUNTAIN

山

1
2
3
4
5
6
7
8
9
10
11
12
13
14
15
16
17
18
19
20
21
22
23
24
25
26
27
28
29
30

1	overhung cliff [óuvəhʌ́ŋ]	16	canteen [kæntí:n]
2	pat frame	17	mess tin
3	fatigue hat	18	climbing knife
4	rucksack [rúksæk]	19	crampons [krǽmpənz]
5	snow-shoes [snóu-ʃu:z]	20	tour-light [túə-lait]
6	buttocks strap [bʌ́təks]	21	ladder [lǽdə]
7	map [mæp]	22	rock hammer [rɑk]
8	climbing trousers [tráuzəz]	23	snap link [snǽpliŋk]
9	ice ax [æks]	24	piton-holder [pítən-houldə]
10	caravan shoes [kǽrəvæn]	25	piton
11	storm suit	26	ice piton
12	rope [roup]	27	pulley [púli]
13	sleeping bag	28	map-meter
14	pick protector [pik prətéktə]	29	cracker [krǽkə]
15	ice ax case	30	compass

CAMPING GROUND

キャンプ場

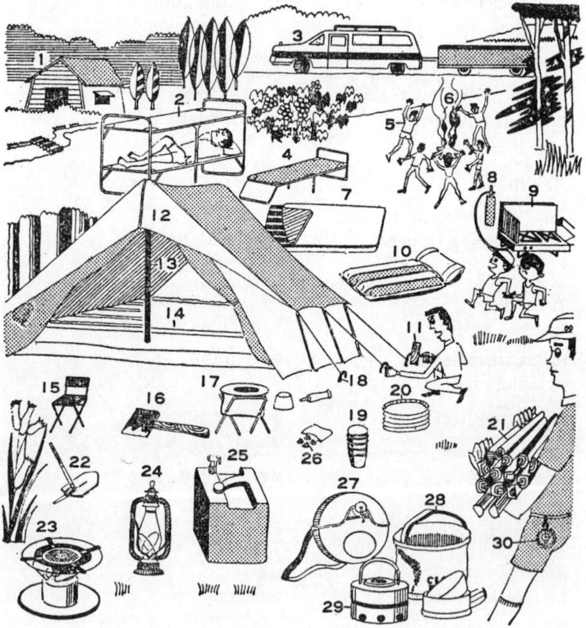

1	cabin	16	hand ax [æks]
2	double decker [dékə]	17	camping toilet
3	camper trailer [tréilə]	18	stake
4	camp cot [kɑt]	19	paper cups
5	camper	20	paper plates
6	campfire	21	logs
7	sleeping bag	22	folding shovel
8	propane cylinder [próupein]	23	radius [réidiəs]
9	camping stove	24	lantern [lǽntən]
10	air mat	25	water can
11	small mallet [mǽlit]	26	grommet [grɑ́mit]
12	tent	27	water-bottle
13	awning pole [ɔ́:niŋ]	28	canvas bucket [kǽnvəs]
14	groundsheet	29	Kocher
15	camp stool	30	pedometer [pidɑ́mitə]

HUNTING SITE

狩猟場①

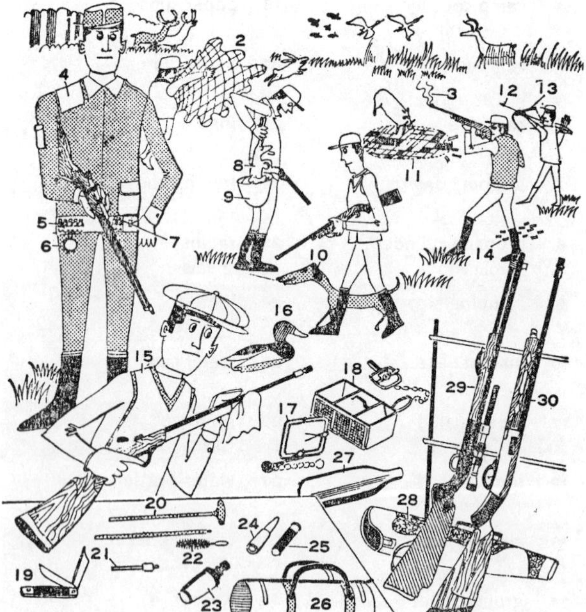

1	hunting cap	16	decoy [dikɔ́i]
2	casting-net [kǽstiŋ-]	17	coil spring trap
3	powder smoke	18	trap
4	recoilless pad	19	folding knife
5	cartridge belt [kɑ́:tridʒ]	20	gun cleaning rod
6	trigger lock	21	slot tip
7	cartridge belt case	22	swab tip [swɑb]
8	game	23	game call
9	game bag	24	rifle shot
10	hound [haund]	25	shot shells
11	pitfall [pítfɔ:l]	26	sports bag
12	arrow [ǽrou]	27	CO_2 powerlet [páuəlit]
13	hunting bow [bou]	28	gun case
14	empty cartridge case	29	rifle
15	hunting suit	30	shotgun [ʃɑ́tgʌn]

HUNTING SITE

狩猟場②

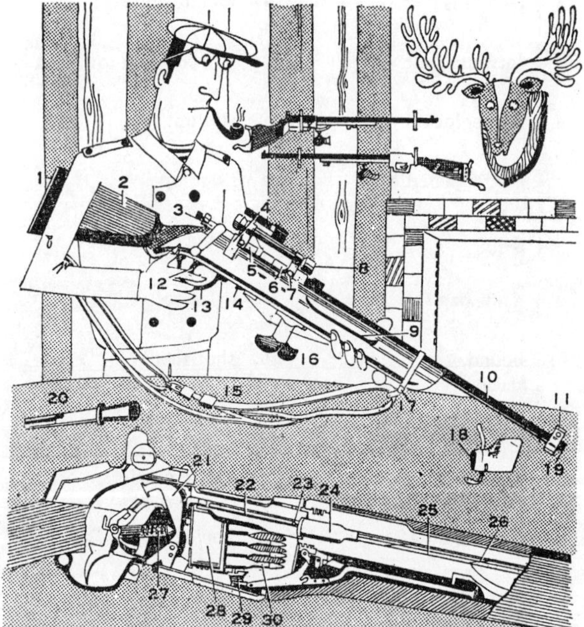

1	butt plate [bʌ́tpleit]	16	palm rest [pɑ:m]
2	butt of stock	17	upper sling swivel
3	bolt handle	18	muzzle cover
4	rear sight [riə]	19	muzzle [mʌ́zl]
5	bolt	20	cleaning set
6	breech [bri:tʃ]	21	hammer
7	scope mound	22	breechblock
8	scope	23	firing pin
9	fore-end of stock	24	powder chamber
10	barrel [bǽrəl]	25	bore
11	front sight	26	groove
12	trigger [trígə]	27	gunlock spring
13	trigger guard	28	cartridge clip [kɑ́:tridʒ]
14	magazine [mægəzí:n]	29	carrier
15	sling	30	cartridge

ARENA

ロデオ競技場

1	chute door [ʃu:t]	16	hazer [héizə]
2	clown [klaun]	17	roping exhibition
3	rodeo queen	18	lariat [lǽriət]
4	bronco riding [bráŋkou]	19	loop [lu:p]
5	bronco	20	trick riding
6	stall [stɔ:l]	21	wild-cow milking
7	judge	22	Roman riding
8	arena's score [ərí:nəz]	23	bull riding
9	pick-up man	24	bull
10	saddle	25	cowboy hat
11	rawhide [rɔ́:haid]	26	cowboy
12	girth [gə:θ]	27	neckerchief [nékətʃif]
13	stirrup [stírəp]	28	gun belt
14	calf roping [kæf]	29	holster [hóulstə]
15	calf	30	spur [spə:]

FISHING PLACE

釣り場

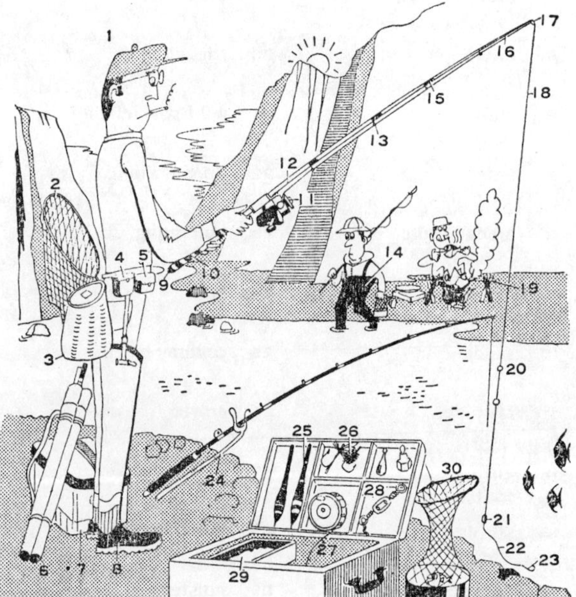

1	angler [ǽŋglə]	16	rodhead
2	trout net [traut]	17	lily yarn
3	portable creel [kri:l]	18	suspended gut
4	waist bag	19	spit
5	feeder [fí:də]	20	marker
6	rod case	21	sinker
7	cooler	22	snell [snel]
8	hip boots	23	fish-hook
9	ferrule [féru:l]	24	rod stand
10	grip	25	float [flout]
11	reel	26	fly
12	rod	27	silk-worm gut
13	guide [gaid]	28	swivel
14	chest-high waders	29	bait [beit]
15	joint	30	creel

BOAT RACE

ボートレース場

1	boathouse	16	punt [pʌnt]
2	boat	17	canoe [kənú:]
3	waterman	18	kayak [káiæk]
4	distance post	19	double-bladed paddle
5	phototimer	20	eight
6	goal buoy [bɔi]	21	cox [kɑks]
7	start line	22	megaphone [mégəfoun]
8	referee boat [refərí:]	23	stroke [strouk]
9	coxed-pair	24	oar [ɔə]
10	coxless-pair	25	oarlock [ɔ́əlɑk]
11	rower [róuə]	26	blade [bleid]
12	single scull [skʌl]	27	bow [bau]
13	double scull	28	cutter [kʌ́tə]
14	coxed-four	29	davit [dǽvit]
15	coxless-four	30	boat hook [huk]

YACHT HARBOR

ヨットハーバー

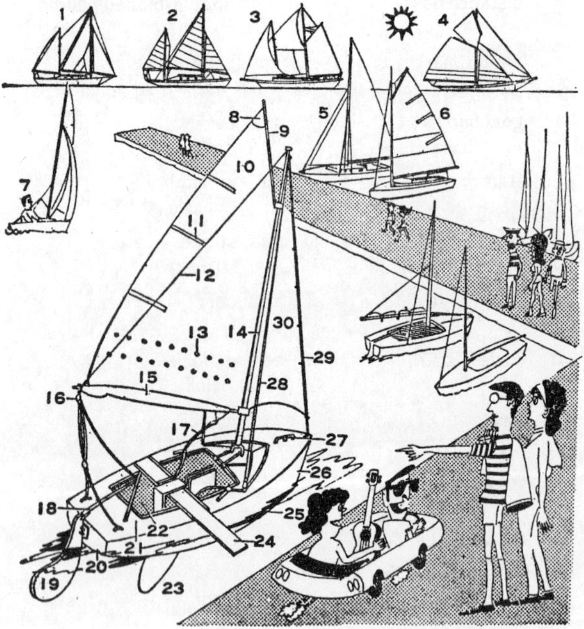

1	ketch [ketʃ]	16	mainsheet [méinsi:t]
2	yawl [jɔ:l]	17	jib sheet [dʒib]
3	schooner [skú:nə]	18	tiller [tílə]
4	cutter	19	rudder [rʌ́də]
5	sloop [slu:p]	20	transom [trǽnsəm]
6	cat rig	21	fender [féndə]
7	yachtsman [jɑ́tsmən]	22	cockpit [kɑ́kpit]
8	peak board [pi:k]	23	center board
9	gaff [gæf]	24	hiking board
10	mainsail [méinseil]	25	keel [ki:l]
11	batten [bǽtn]	26	stem
12	topping lift [tɑ́piŋ]	27	mooring-cleat [múəriŋ-]
13	reef point [ri:f]	28	shroud [ʃraud]
14	mast	29	jib stay
15	boom [bu:m]	30	jib

ZOO

動物園①

1
2
3
4
5
6
7
8
9
10
11
12
13
14
15
16
17
18
19
20
21
22
23
24
25
26
27
28
29
30

1	leopard	[lépəd]	16	hyena	[haií:nə]
2	puma	[pjú:mə]	17	tapir	[téipə]
3	zebra	[zí:brə]	18	bison	[báisn]
4	giraffe	[dʒirǽf]	19	rhinoceros	[rainɑ́sərəs]
5	bear		20	deer	
6	yak	[jæk]	21	antelope	[ǽntiloup]
7	African elephant		22	anteater	[ǽnti:tə]
8	Indian elephant		23	hippopotamus	[hipəpɑ́təməs]
9	ivory	[áivəri]	24	cheetah	[tʃí:tə]
10	bull		25	lion	
11	cow		26	mane	
12	wild boar	[bɔə]	27	paw	[pɔ:]
13	kangaroo	[kæŋgərú:]	28	jaguar	[dʒǽgwɑ:]
14	buffalo	[bʌ́fəlou]	29	tiger	
15	horn		30	fang	[fæŋ]

ZOO

動物園②

1
2
3
4
5
6
7
8
9
10
11
12
13
14
15
16
17
18
19
20
21
22
23
24
25
26
27
28
29
30

1	**koala** [koɑ́:lə]	16	**chimpanzee** [tʃimpænzí:]
2	**squirrel** [skwə́:rəl]	17	**orangutan** [ərǽŋu:tæŋ]
3	**sloth** [slouθ]	18	**pig**
4	**bat**	19	**racoon** [rækú:n]
5	**mandrill** [mǽndril]	20	**Homo sapiens** [hóumou séipienz]
6	**tarsier** [tɑ́:siə]	21	**badger** [bǽdʒə]
7	**sacred baboon** [bəbú:n]	22	**weasel** [wí:zl]
8	**gibbon** [gíbən]	23	**fox**
9	**wolf**	24	**porcupine** [pɔ́:kjupain]
10	**flying squirrel**	25	**hedgehog** [hédʒhɔ:g]
11	**giant panda** [pǽndə]	26	**chinchilla** [tʃintʃílə]
12	**goat** [gout]	27	**hare** [hɛə]
13	**sheep**	28	**mole**
14	**wild cat**	29	**skunk** [skʌŋk]
15	**gorilla** [gərílə]	30	**beaver** [bí:və]

ZOO

動物園③

1
2
3
4
5
6
7
8
9
10
11
12
13
14
15
16
17
18
19
20
21
22
23
24
25
26
27
28
29
30

1	golden eagle	16	gannet [gǽnit]
2	eagle	17	flamingo [flæmíŋgou]
3	emu [í:mju:]	18	heron [hérən]
4	ostrich [ɔ́:stritʃ]	19	fulmar [fúlmə]
5	bird of paradise	20	swan
6	king vulture	21	crane
7	condor [kɑ́ndə]	22	blackbird
8	hornbill	23	crake
9	long-tailed cock	24	pelican [pélikən]
10	duck hawk [hɔ:k]	25	mandarin duck
11	Japanese crested ibis	26	cormorant [kɔ́:mərənt]
12	peacock	27	little grebe [gri:b]
13	stork	28	mallard [mǽləd]
14	moorhen	29	kingfisher
15	albatross [ǽlbətrɔ:s]	30	oriole [ɔ́:rioul]

ZOO
動物園④

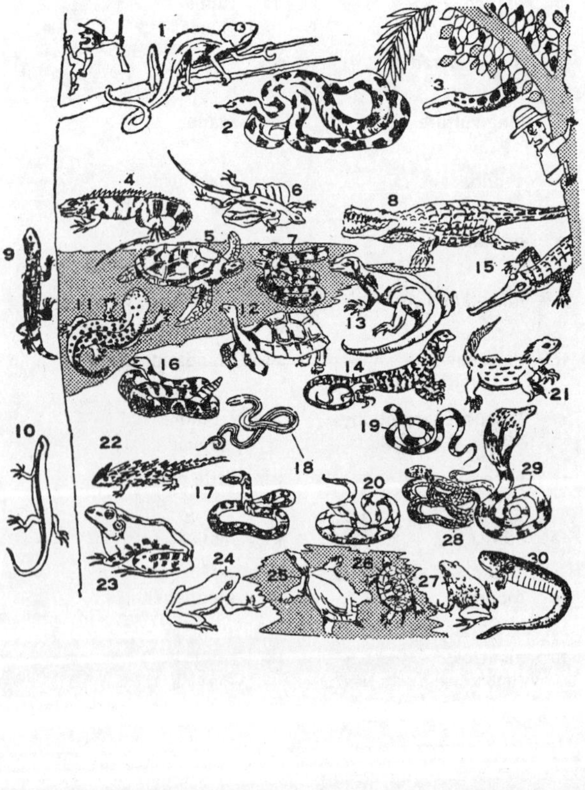
1
2
3
4
5
6
7
8
9
10
11
12
13
14
15
16
17
18
19
20
21
22
23
24
25
26
27
28
29
30

1	**chameleon** [kəmí:liən]	16	**rattlesnake**
2	**python** [páiθən]	17	**viper**
3	**anaconda** [ænəkɑ́ndə]	18	**striped snake**
4	**iguana** [igwɑ́:nə]	19	**coral snake** [kɔ́:rəl]
5	**sea turtle** [tə́:tl]	20	**hundred pace snake**
6	**flying dragon**	21	**tuatara** [tuətɑ́:rə]
7	**sea snake**	22	**horned lizard**
8	**alligator** [ǽligeitə]	23	**edible frog** [édibl]
9	**venomous lizard** [vénəməs lízəd]	24	**tree-frog**
10	**lizard**	25	**snapping turtle**
11	**giant salamander** [sǽləmændə]	26	**soft-shelled turtle**
12	**giant tortoise**	27	**toad** [toud]
13	**large water monitor of Komodo**	28	**common harmless**
14	**iguana** [igwɑ́:nɑ]	29	**cobra** [kóubrə]
15	**gavial** [géiviəl]	30	**greater siren**

ZOO

動物園⑤

1
2
3
4
5
6
7
8
9
10
11
12
13
14
15
16
17
18
19
20
21
22
23
24
25
26
27
28
29
30

1	**Cape penguin** [péngwin]	16	**catfish** [kæt-fiʃ]
2	**Magellan penguin**	17	**narwhal** [ná:hwəl]
3	**emperor penguin**	18	**Hammerhead shark**
4	**fairy penguin** [fɛ́:ri]	19	**saw-shark** [-ʃɑ:k]
5	**blue whale** [hweil]	20	**otter** [ɑ́tə]
6	**whalebone** [hwéilboun]	21	**duckbill** [dʌ́kbil]
7	**sperm whale**	22	**sea lion**
8	**bowhead** [bóuhed]	23	**polar bear** [póulə]
9	**bottlenose whale**	24	**seal** [si:l]
10	**right whale**	25	**fur seal**
11	**killer whale** [kilə]	26	**morse** [mɔ:s]
12	**finless black porpoise**	27	**tusk** [tʌsk]
13	**dolphin** [dɑ́lfin]	28	**sea otter** [ɑ́tə]
14	**dugong** [dú:gɑŋ]	29	**snow owl** [aul]
15	**sea cow**	30	**reindeer** [réindiə]

INSECTARIUM

昆虫館①

1	cicada [sikéidə]	16	firefly
2	ladybird [léidibə:d]	17	soldier-bug [sóuldʒə-bʌg]
3	May beetle [bí:tl]	18	noisy cricket [kríkit]
4	borer	19	scorpion fly [skɔ́:piən]
5	scarab [skǽrəb]	20	stonefly
6	cricket	21	stylops
7	caddis fly [kǽdis]	22	springtail
8	leaf insect	23	camel cricket
9	longhorned beetle	24	walking stick
10	praying mantis	25	katydid [kéitidid]
11	grasshopper [grǽshɑpə]	26	grig cricket
12	beetle	27	locust [lóukəst]
13	"bell-ring" insect	28	thrips [θrips]
14	dragonfly [drǽgənflai]	29	dor [dɔ:]
15	lacewing	30	death-watch beetle

INSECTARIUM

昆虫館②

1	beehive [bí:haiv]	16	billbug
2	worker bee	17	ant lion
3	drone [droun]	18	earwig
4	long-legged wasp [wɑsp]	19	plant louse [laus]
5	day-fly	20	callicore butterfly
6	horse-fly	21	ground beetle
7	queen bee	22	queen ant
8	spring beetle	23	worker ant
9	small cabbage butterfly	24	soldier ant
10	swallowtail	25	termite [tə́:mait]
11	cabbage butterfly	26	gnat [næt]
12	housefly	27	mosquito [məskí:tou]
13	green bottle fly	28	flea [fli:]
14	moth [mɔ:θ]	29	louse
15	leafhopper	30	bug

AQUARIUM

水族館①

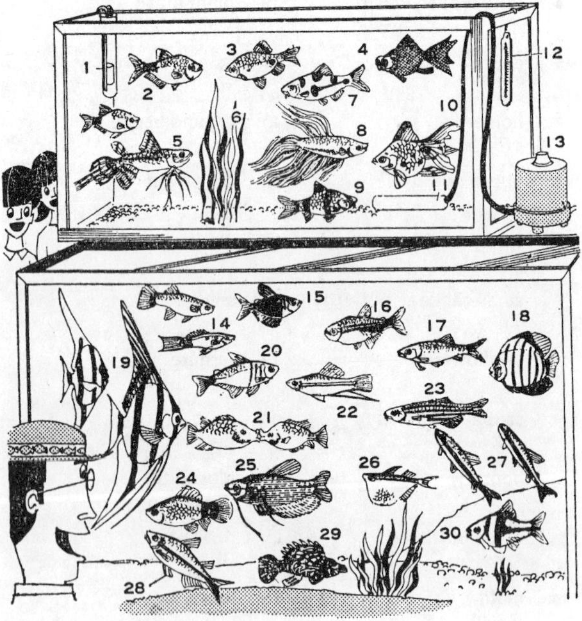

1	thermostat	16	neon tetra
2	ticto barb	17	sissortail
3	pulcher [pʌ́ltʃə]	18	discus [dískəs]
4	pop-eyed goldfish	19	angelfish
5	butterfly fish	20	flame fish
6	seaweeds	21	kissing gourami [gú:rəmi]
7	crown bulb	22	swordtail
8	betta	23	zebra danio [déiniou]
9	Sumatra barb [su:méitrə]	24	platyfish
10	calico [kǽlikou]	25	pearl gourami
11	filter	26	hatchet fish
12	thermometer	27	sanctae-mariae
13	air pump	28	pencil fish
14	guppy [gʌ́pi]	29	lion fish
15	black tetra [tétrə]	30	T-fish

AQUARIUM

水族館②

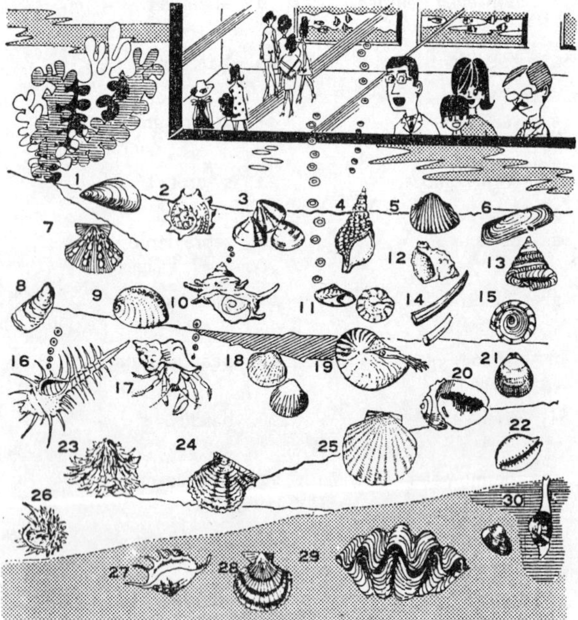

1	sea mussel [mʌ́sl]	16	comb shell
2	heliotrope star shell	17	hermit crab
3	clam	18	cockle [kɑ́kl]
4	trumpet shell	19	nautilus [nɔ́:tiləs]
5	ark shell	20	cameo helmet
6	razor-shell [réizə-]	21	lamp shell
7	lion's paw [pɔ:]	22	cowrie [káuri]
8	oyster [ɔ́istə]	23	chrysanthemum shell
9	abalone [æbəlóuni]	24	mother-of-pearl
10	wreath shell	25	scallop [skɑ́ləp]
11	periwinkle [périwiŋkl]	26	thorny oyster
12	whelk [hwelk]	27	spider shell
13	top shell	28	fan-shaped shell
14	tusk shell	29	giant clam
15	sundial shell	30	short-necked clam

BOTANIC GARDEN

植物園①

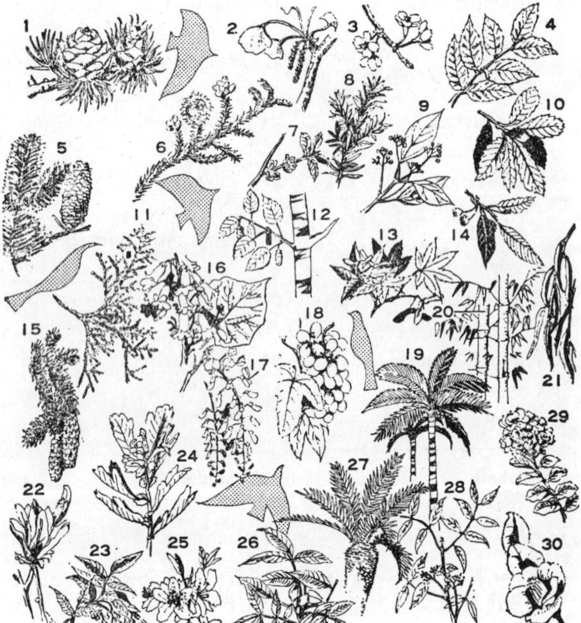

1	larch	16	paulownia [pɔ:lóuniə]
2	ginkgo [dʒíŋkgou]	17	wisteria [wistí:riə]
3	cherry	18	vine [vain]
4	Zelkova [zélkəvə]	19	palm [pɑ:m]
5	white fir	20	bamboo [bæmbú:]
6	cedar [sí:də]	21	willow
7	elm	22	magnolia [mægnóuliə]
8	yew [ju:]	23	mountain ash
9	camphor tree [kǽmfə]	24	hawthorn [hɔ́:θɔ:n]
10	Japanese oak	25	azalea [əzéiljə]
11	cypress [sáipris]	26	hickory [híkəri]
12	white birch	27	cycad [sáikæd]
13	sycamore [síkəmɔə]	28	mahogany [məhɑ́gəni]
14	beech	29	crape myrtle [mə́:tl]
15	spruce [spru:s]	30	camellia [kəmí:ljə]

BOTANIC GARDEN

植物園②

1	hibiscus [haibískəs]	16	poinsettia [pɔinsétiə]
2	torch lily	17	moth orchid
3	octopus tree	18	butterwort [bʌ́təwə:t]
4	traveler's-tree	19	kaffir lily
5	water platter	20	crocus [króukəs]
6	begonia [bigóuniə]	21	foxglove [fɑ́ksglʌb]
7	orchid [ɔ́:kid]	22	primula [prímjulə]
8	bird-of-paradise flower	23	aldrovanda
9	aloe [ǽlou]	24	moor grass [múəgrəs]
10	aechmea	25	cyclamen [síkləmən]
11	fairy primrose	26	cineraria [sinərɛ́:riə]
12	flamingo flower	27	lady's slipper
13	acuminate	28	Venus's-flytrap
14	vriesea	29	bladderwort
15	sweet alyssum	30	pitcher plant

BOTANIC GARDEN

植物園③

1	spindle-shank	16	orange-peel fungus
2	death cup [déθ-kʌp]	17	earth ball
3	matsutake mushroom	18	Spanish moss
4	stinkhorn	19	lungwort [lʌ́ŋwə:t]
5	grisette [grizét]	20	horse mushroom
6	polypore	21	morel
7	champignon [tʃæmpínjən]	22	dried mushroom
8	puffball [pʌ́f-bɔ:l]	23	selaginella
9	parasol mushroom	24	adder's-tongue [ǽdəz-tʌŋ]
10	sulphur tuft	25	liverwort
11	magpie mushroom	26	hair moss
12	Jew's ear [dʒu:z]	27	flower moss
13	inky cap [ínki]	28	buck grass
14	horn of plenty	29	lot tree
15	turban-top	30	polypody

BOTANIC GARDEN

植物園④

1	**branch**	16	**seed**
2	**fruit**	17	**bulb** [bʌlb]
3	**leaf**	18	**subterranean stem** [sʌbtəréiniən]
4	**trunk**	19	**runner**
5	**annual ring** [ǽnjuəl]	20	**tuber** [tjú:bə]
6	**tendril** [téndril]	21	**petal**
7	**bur** [bə:]	22	**pistil** [pístil]
8	**root**	23	**stigma** [stígmə]
9	**stalk** [stɔ:k]	24	**style**
10	**stipule** [stípju:l]	25	**stamen** [stéimən]
11	**leaf stalk**	26	**anther** [ǽnθə]
12	**vein** [vein]	27	**filament** [fíləmənt]
13	**flower**	28	**calyx** [kéiliks]
14	**thorn** [θɔ:n]	29	**flower stalk**
15	**bud**	30	**bud** [bʌd]

CAMPUS

学園

1
2
3
4
5
6
7
8
9
10
11
12
13
14
15
16
17
18
19
20
21
22
23
24
25
26
27
28
29
30

1	clock tower
2	girl's dormitory
3	back gate
4	clubhouse
5	auditorium [ɔ:ditɔ́:riəm]
6	dining hall
7	tennis court
8	gymnasium [dʒimnéiziəm]
9	playground
10	swimming pool
11	rotary [róutəri]
12	bust [bʌst]
13	avenue [ǽvinju:]
14	schoolhouse
15	quadrangle [kwɑ́dræŋgl]
16	signboard [sáinbɔ:d]
17	chapel
18	library
19	teach-in
20	janitor [dʒǽnitə]
21	professor
22	school flag
23	arcade [ɑ:kéid]
24	bulletin board [búlitin]
25	ivy [áivi]
26	school gate
27	girl student
28	boy student
29	student cap
30	agitator [ǽdʒiteitə]

CLASSROOM

教室①

1	sub-blackboard	16	locker
2	blackboard	17	world map
3	chalk [tʃɔ:k]	18	map stand
4	teacher	19	mischievous schoolboy
5	eraser [iréisə]	20	waste paper
6	stick	21	schoolboy
7	charity box [tʃǽriti]	22	book strap
8	teacher's desk	23	uniform
9	platform	24	lunch box
10	loudspeaker	25	chatterbox [tʃǽtəbɑks]
11	bell	26	schoolgirl
12	slide screen	27	textbook
13	pointer	28	underlay [ʌ́ndəlei]
14	timetable	29	notebook
15	coat rack	30	desk bench

CLASSROOM

教室②

1	zero [zíːrou]	16	fifteen
2	one	17	sixteen
3	two	18	seventeen
4	three	19	eighteen
5	four	20	nineteen
6	five	21	twenty
7	six	22	one hundred
8	seven	23	one thousand
9	eight	24	ten thousand
10	nine	25	hundred thousand
11	ten	26	million [míljən]
12	eleven	27	ten million
13	twelve	28	hundred million
14	thirteen	29	billion [bíljən]
15	fourteen	30	ten billion

CLASSROOM
教室③

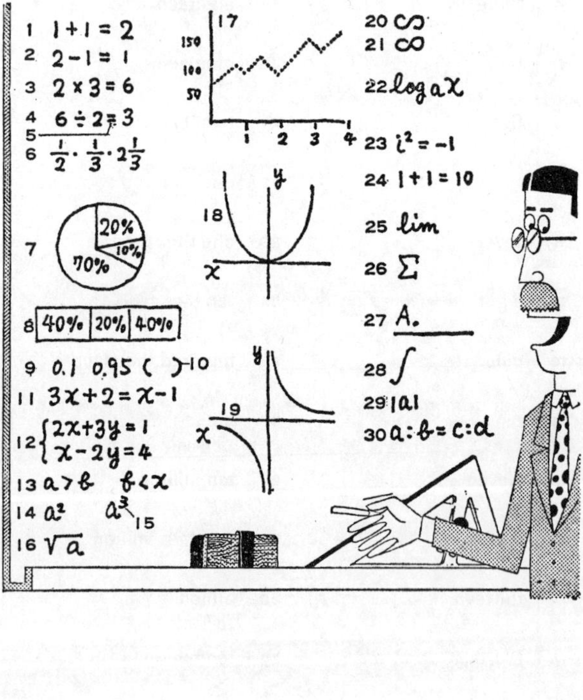

1	addition [ədíʃən]	16	square root
2	subtraction	17	line graph
3	multiplication	18	parabola [pərǽbələ]
4	division [divíʒən]	19	hyperbola [haipə̀:bələ]
5	sign of equality	20	similarity [similǽriti]
6	fraction [frǽkʃən]	21	infinity [infíniti]
7	pie chart [pai]	22	logarithm [lɔ́:gəriθm]
8	bar graph [græf]	23	imaginary number
9	decimal fraction [désiməl]	24	binary scale
10	parenthesis [pərénθisis]	25	limit
11	equation [ikwéiʒən]	26	sigma [sígmə]
12	simultaneous equation	27	answer
13	inequality [inikwɑ́liti]	28	integral [íntigrəl]
14	square [skwɛə]	29	absolute value
15	cube [kju:b]	30	proportion

CLASSROOM
教室④

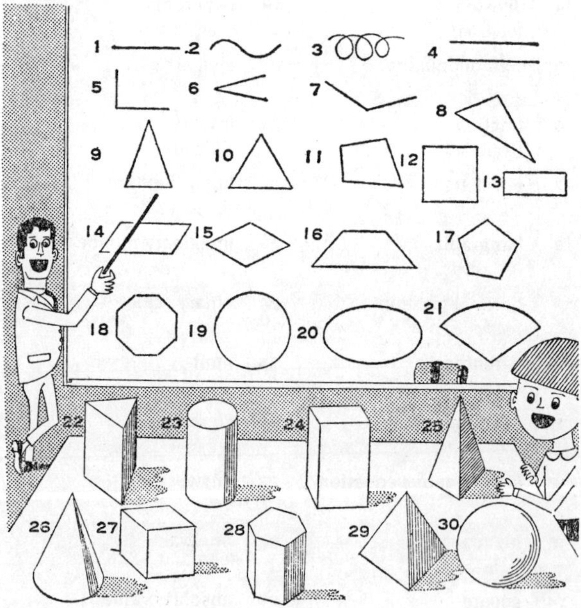

1	straight line	16	trapezoid [trǽpizɔid]
2	curved line	17	pentagon [péntəgɑn]
3	screw [skru:]	18	octagon [ɑ́ktəgɑn]
4	parallel lines [pǽrələl]	19	circle [sə́:kl]
5	right angle [ǽŋgl]	20	oval [óuvəl]
6	acute angle [əkjú:t]	21	fan shape
7	obtuse angle [əbtjú:s]	22	triangular prism [prizm]
8	triangle [tráiæŋgl]	23	cylinder [sílində]
9	isosceles triangle [aisɑ́sili:z]	24	rectangular prism
10	regular triangle	25	triangular pyramid
11	quadrilateral	26	circular cone
12	square	27	cube [kju:b]
13	oblong/rectangle [ɑ́blɔ:ŋ]	28	hexagonal prism [heksǽgənəl]
14	parallelogram [pærəléləgræm]	29	regular tetrahedron [tetrəhí:drən]
15	lozenge [lɑ́zindʒ]	30	sphere [sfiə]

CLASSROOM

教室⑤

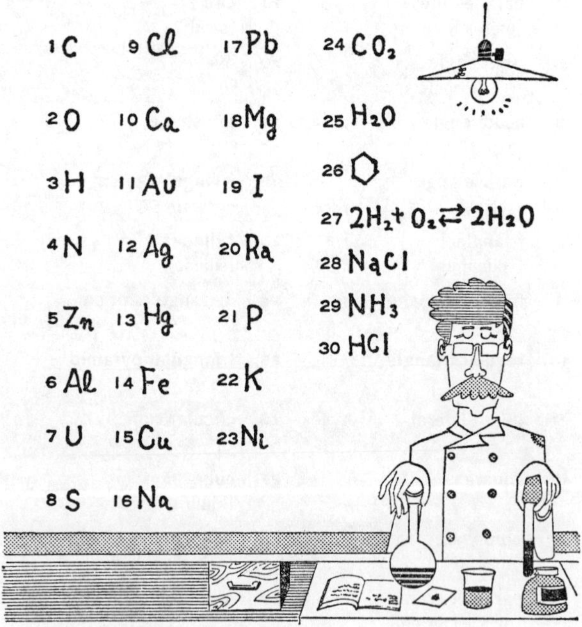

1	carbon	16	sodium
2	oxygen [ɑ́ksidʒən]	17	lead [led]
3	hydrogen [háidrədʒən]	18	magnesium [mæɡní:ʒiəm]
4	nitrogen [náitrədʒən]	19	iodine [áiədain]
5	zinc [ziŋk]	20	radium [réidiəm]
6	aluminum [ælú:minəm]	21	phosphorus [fɑ́sfərəs]
7	uranium [ju:réiniəm]	22	potassium
8	sulfur [sʌ́lfə]	23	nickel [níkl]
9	chlorine [klɔ́:ri:n]	24	carbon dioxide
10	calcium [kǽlsiəm]	25	water
11	gold	26	benzene [bénzi:n]
12	silver	27	chemical equation
13	mercury [mə́:kjuri]	28	sodium chloride [klɔ́:raid]
14	iron	29	ammonia
15	copper [kɑ́pə]	30	hydrochloric acid

CLASSROOM

教室⑥

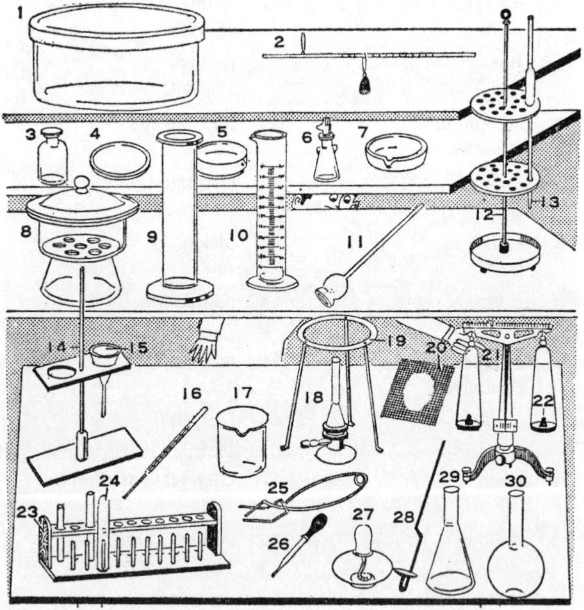

1	cistern [sístən]	16	thermometer [θəmámitə]
2	steelyard [stí:ljɑ:d]	17	beaker [bí:kə]
3	reagent bottle [ri:éidʒənt]	18	gas burner [bə́:nə]
4	watch glass	19	tripod [tráipɑd]
5	Petri dish	20	asbestos wire gauze [æzbéstəs]
6	dropping-bottle	21	physical balance
7	evaporating dish [ivǽpəreitiŋ]	22	weight [weit]
8	desiccator [desikéitə]	23	test tube stand
9	gas-collecting bottle	24	test tube
10	cylinders	25	test tube holder
11	funnel tube [fʌ́nəl]	26	doropper
12	pipet stand [pipét]	27	alcohol lamp [ǽlkəhɔ:l]
13	pipet	28	deflagration spoon
14	funnel stand	29	Erlenmeyer flask
15	funnel	30	flask

CLASSROOM

教室⑦

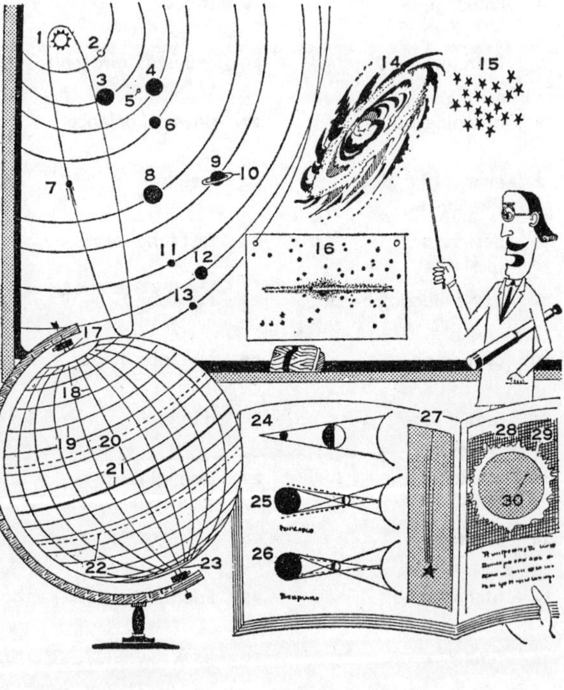

1	sun	16	galactic system [gəlǽktik]
2	Mercury [mə́:kjuri]	17	North Pole
3	Venus [ví:nəs]	18	longitude [lándʒitju:d]
4	Earth	19	latitude [lǽtitju:d]
5	moon	20	tropic of Cancer
6	Mars [mɑ:z]	21	equator [ikwéitə]
7	comet [kɑ́mit]	22	tropic of Capricorn
8	Jupiter [dʒú:pitə]	23	South Pole
9	Saturn [sǽtən]	24	lunar eclipse [lú:nə iklíps]
10	Saturn's rings	25	solar eclipse [sóulə]
11	Uranus [jú:rənəs]	26	annular eclipse of the sun
12	Neptune [néptju:n]	27	shooting star
13	Pluto [plú:tou]	28	corona [kəróunə]
14	nebula [nébjulə]	29	prominence [prɑ́minəns]
15	star cluster	30	sunspot

CLASSROOM
教室⑧

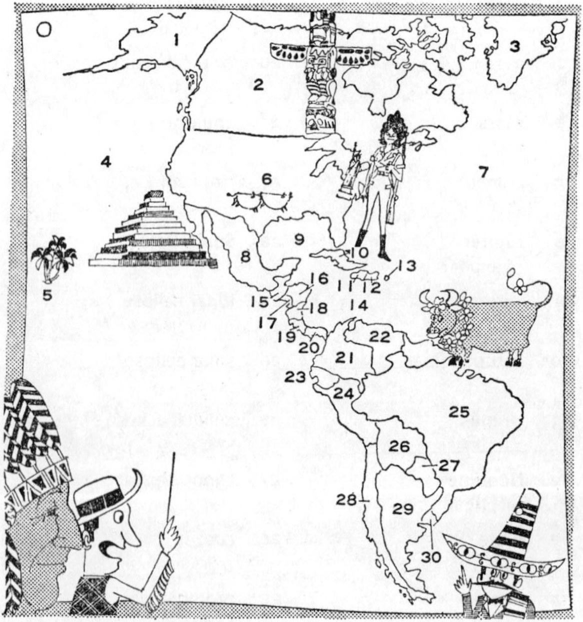

1	**Alaska**	16	**Honduras** [hɑndjú:rəs]
2	**Canada**	17	**El Salvador** [el sǽlvədɔə]
3	**Greenland**	18	**Nicaragua** [nikərɑ́:gwə]
4	**Pacific Ocean**	19	**Costa Rica** [kɑ́stə rí:kə]
5	**Hawaii** [həwáii:]	20	**Panama** [pǽnəmɑ:]
6	**U.S.A.**	21	**Colombia** [kəlʌ́mbiə]
7	**Atlantic Ocean**	22	**Venezuela** [venezwéilə]
8	**Mexico** [méksikou]	23	**Ecuador** [ékwədɔə]
9	**Gulf of Mexico**	24	**Peru** [perú:]
10	**Cuba** [kjú:bə]	25	**Brazil** [brəzíl]
11	**Haiti** [héiti]	26	**Bolivia** [bəlíviə]
12	**Dominican Republic** [dəminikə]	27	**Paraguay** [pǽrəgwai]
13	**Puerto Rico** [pwέətou rí:kou]	28	**Chile** [tʃíli]
14	**Caribbean Sea** [kæribí:ən]	29	**Argentina** [ɑ:dʒəntí:nə]
15	**Guatemala** [gwɑ:timɑ́:lə]	30	**Uruguay** [úrugwai]

CLASSROOM

教室⑨

1	**Iceland** [áislənd]	16	**Portugal** [pɔ́:tʃugəl]
2	**Norway** [nɔ́:wei]	17	**Spain**
3	**Sweden** [swí:dn]	18	**Mediterranean Sea** [meditəréiniən]
4	**Finland**	19	**Switzerland** [swítsələnd]
5	**Soviet Union**	20	**Italy**
6	**Eire** [ɛ́:rə]	21	**Austria** [ɔ́:striə]
7	**Great Britain**	22	**Czechoslovakia** [tʃékouslouvɑ́:kiə]
8	**Denmark**	23	**Hungary**
9	**Netherlands** [néðələndz]	24	**Yugoslavia** [jú:gouslɑ́:viə]
10	**Belgium** [béldʒəm]	25	**Rumania** [ru:méiniə]
11	**Luxembourg** [lʌ́ksəmbə:g]	26	**Bulgaria** [bʌlgɛ́:riə]
12	**West Germany**	27	**Albania** [ælbéiniə]
13	**East Germany**	28	**Greece** [gri:s]
14	**Poland**	29	**Black Sea**
15	**France**	30	**Caspian sea** [kǽspiən]

※ 1968 年の初版刊行時のまま掲載

CLASSROOM

教室⑩

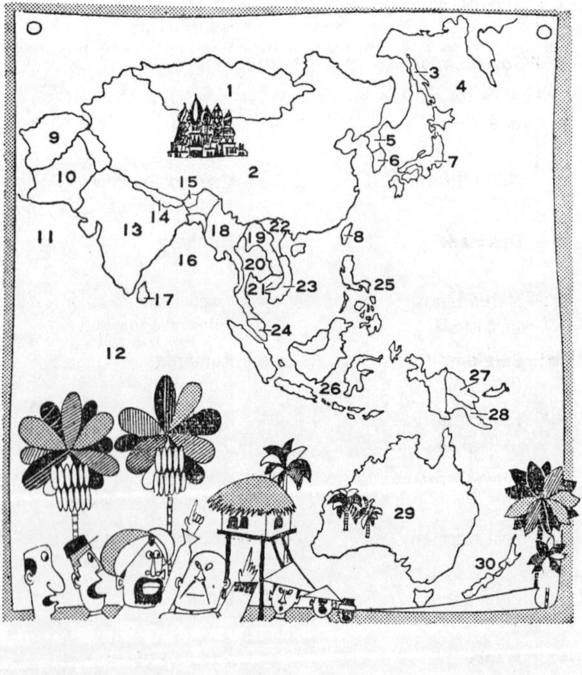

1	Mongolia	16	Bay of Bengal
2	China	17	Ceylon [silán]
3	Saghalien [sægəlí:n]	18	Burma [bə́:mə]
4	Sea of Okhotsk [oukátsk]	19	Laos [lá:ous]
5	North Korea	20	Thailand [táilənd]
6	South Korea	21	Cambodia [kæmbóudiə]
7	Japan	22	North Viet Nam
8	Nationalist China	23	South Viet Nam
9	Afghanistan [æfgǽnistæn]	24	Malaysia [məléiʒə]
10	Pakistan	25	Philippines [fílipi:nz]
11	Arabian Sea	26	Indonesia [indouní:ʒə]
12	Indian Ocean	27	New Guinea [gíni]
13	India	28	Papua [pǽpjuə]
14	Nepal [nipɔ́:l]	29	Australia [ɔ:stréiljə]
15	Bhutan [bu:tá:n]	30	New Zealand [zí:lənd]

※ 1968 年の初版刊行時のまま掲載

CLASSROOM

教室⑪

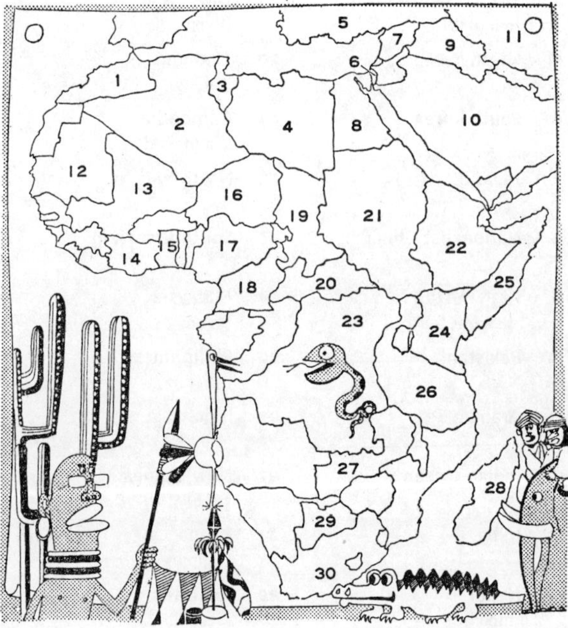

1	**Morocco** [mərɑ́kou]	16	**Niger** [náidʒə]
2	**Algeria** [ældʒí:riə]	17	**Nigeria** [naidʒí:riə]
3	**Tunisia** [tju:níziə]	18	**Cameroon** [kæmərú:n]
4	**Libya**	19	**Chad** [tʃæd]
5	**Turkey** [tə́:ki]	20	**Central Africa**
6	**Israel** [ízreiəl]	21	**Sudan** [su:dǽn]
7	**Syria** [síriə]	22	**Ethiopia** [i:θióupiə]
8	**United Arab Republic**	23	**Congo**
9	**Iraq** [irɑ́:k]	24	**Kenya** [kénjə]
10	**Saudi Arabia**	25	**Somalia** [soumɑ́:liə]
11	**Iran** [irǽn]	26	**Tanzania**
12	**Mauritania** [mɔ:ritéiniə]	27	**Zambia**
13	**Mali** [mɑ́:li]	28	**Madagascar** [mædəgǽskə]
14	**Ivory Coast**	29	**Botswana**
15	**Ghana** [gɑ́:nə]	30	**South Africa**

※ 1968 年の初版刊行時のまま掲載

CLASSROOM

教室⑫

1	**score**	16	**whole-rest** [hóul-rest]
2	**G clef** [dʒí: kléf]	17	**half-rest**
3	**F clef**	18	**quarter-rest**
4	**G major** [méidʒə]	19	**eight-rest** [kwéivə-]
5	**D major**	20	**end sign**
6	**A major**	21	**slur** [slə:]
7	**F major**	22	**fermata**
8	**B flat major**	23	**crescendo** [kriséndou]
9	**E flat major**	24	**decrescendo**
10	**whole note** [hóul-nout]	25	**forte** [fɔ:t]
11	**half note** [hǽf-]	26	**mezzo forte** [métsou-]
12	**quarter-note** [kwɔ́:tə-]	27	**piano** [piǽnou]
13	**eighth-note** [eitθ-]	28	**sharp** [ʃɑ:p]
14	**dotted quarter-note**	29	**flat**
15	**sixteenth-note** [síkstí:nθ-]	30	**natural** [nǽtʃurəl]

LIBRARY
図書館

1
2
3
4
5
6
7
8
9
10
11
12
13
14
15
16
17
18
19
20
21
22
23
24
25
26
27
28
29
30

1	bookroom [búkru:m]	16	magazine [mægəzí:n]
2	book shelf [ʃelf]	17	newspaper viewing stand
3	library classification chart	18	newspaper rack
4	card index cabinet	19	librarian [laibrέ:riən]
5	index card	20	library user [jú:zə]
6	bulletin board [búlitin]	21	book [buk]
7	baggage shelves	22	check-out card
8	reading room [rí:diŋ]	23	check-out counter
9	reading desk	24	fold-out page
10	dozing man [dóuziŋ]	25	edge
11	reader	26	cover
12	reading lamp	27	book mark
13	audio-visual education room	28	spine [spain]
14	laboratory booth [bu:θ]	29	book label [léibl]
15	magazine rack	30	smoking corner [smóukiŋ]

ART SCHOOL

美術学校①

1	model	16	oil pot
2	modelling stand	17	fine brush
3	mural [mjú:rəl]	18	round brush
4	stone head sculpture	19	brush stand
5	torso [tɔ́:sou]	20	pastel [pæstél]
6	table easel [í:zl]	21	canvas pliers
7	wood frame	22	spatula [spǽtʃulə]
8	easel	23	palette knife
9	canvas	24	oil
10	palette cup [pǽlit]	25	Conté [kɔ:nt]
11	palette	26	oil paint
12	artist	27	charcoal [tʃɑ́:koul]
13	artist's smock	28	color-box
14	picture frame	29	sketchbook
15	flat brush	30	pencil sketch

ART SCHOOL

美術学校②

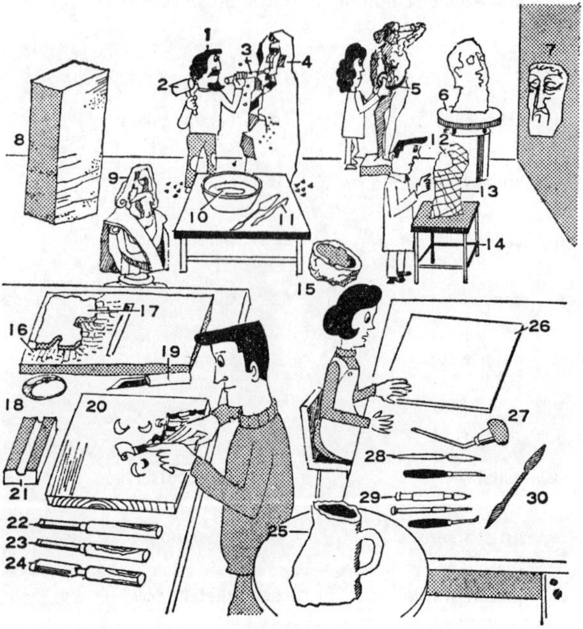

1	**sculptor** [skʌ́lptə]	16	**round**
2	**hammer**	17	**relief** [rilí:f]
3	**chisel** [tʃízl]	18	**baren**
4	**statue**	19	**pointed knife**
5	**calipers** [kǽlipəz]	20	**engravings**
6	**turn stand**	21	**whetstone** [hwétstoun]
7	**deathmask**	22	**U-shape gouge** [gaudʒ]
8	**raw stone**	23	**spade**
9	**bust**	24	**gouge**
10	**plaster medium** [plǽstə]	25	**terra-cotta** [térəkɑ́tə]
11	**spatula** [spǽtʃulə]	26	**copperplate**
12	**clay** [klei]	27	**burin** [bjú:rin]
13	**wire frame**	28	**vanisher**
14	**clay figure stand**	29	**dry point**
15	**mold**	30	**scraper**

ART SCHOOL

美術学校③

1	designer [dizáinə]	16	protractor
2	poster	17	adjustable curve ruler
3	desk-lamp	18	erasing shield
4	drafting desk [drǽftiŋ]	19	feather-brush [féðə-brʌʃ]
5	drafting board	20	eraser [iréisə]
6	thumbtack [θʌm]	21	inkpot
7	drafting	22	slide rule
8	blueprint [blú:print]	23	tracing paper [tréisiŋ]
9	oblique line [əblí:k]	24	drawing pen
10	dot dashed line	25	beam compasses
11	curve [kə:v]	26	proportional dividers
12	dotted line	27	compasses [kʌ́mpəsis]
13	T square	28	divider
14	triangle	29	driver
15	French curve	30	spring compasses

BALLET SCHOOL

バレエ学校

1	bar	16	toe shoes [tou]
2	écartée	17	danseur noble
3	baton [béitn]	18	tights [taits]
4	choreographer [ko:riɑ́grəfə]	19	ballet shoes
5	modern ballet [bǽlei]	20	pas de deux
6	corps de ballet [kɔ: də bǽlei]	21	croisée en avant
7	jump	22	à la quatrième devant
8	first position	23	effacée
9	second position	24	toe dance
10	third position	25	pirouette [piruét]
11	fourth position	26	à la seconde
12	fifth position	27	épaulee
13	romantic tutu [tú:tu:]	28	low curtsy
14	ballerina [bæləri:nə]	29	à la quatrième derrière
15	classical tutu	30	croisée en arrière

OFFICE

会社①

1
2
3
4
5
6
7
8
9
10
11
12
13
14
15
16
17
18
19
20
21
22
23
24
25
26
27
28
29
30

1	secretary [sékritəri]	16	yawning [jɔ́:niŋ]
2	president [prézidənt]	17	correspondence separator
3	interphone [intəfoun]	18	steel desk
4	screen	19	office-man [áfis-mən]
5	files	20	steel chair
6	document [dákjumənt]	21	floor mat
7	cabinet [kǽbinit]	22	calculator [kǽlkjuleitə]
8	locker	23	office girl
9	copy machine	24	drawer [drɔ́:ə]
10	copy	25	waste basket
11	file trays	26	typewriter [táipraitə]
12	department manager	27	typescript
13	glass underlay [ʌ́ndəlei]	28	keyboard [kí:bɔ:d]
14	telephone	29	typist [táipist]
15	turntable	30	typing table

OFFICE
会社②

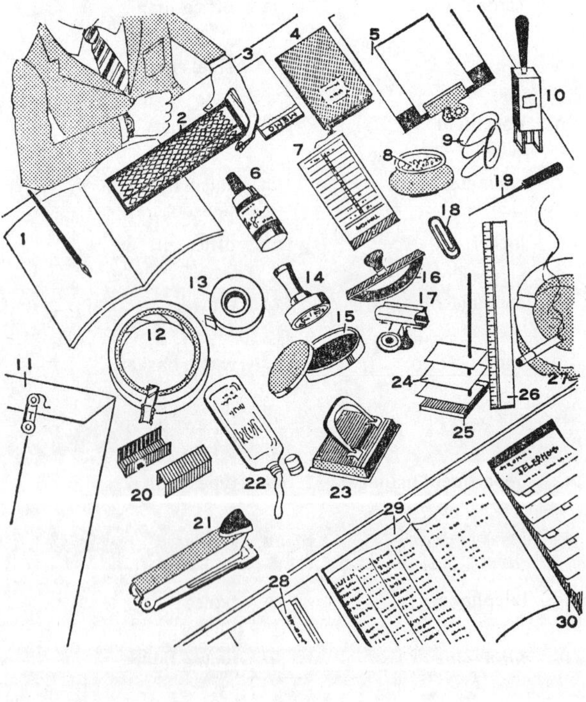
1
2
3
4
5
6
7
8
9
10
11
12
13
14
15
16
17
18
19
20
21
22
23
24
25
26
27
28
29
30

1	book	16	blotter [blɑ́tə]
2	abacus [ǽbəkəs]	17	clip [klip]
3	memorandum [memərǽndəm]	18	gem clip
4	pocketbook [pɑ́kitbuk]	19	eyeleteer [ailətíə]
5	clipboard [klípbɔ:d]	20	staples [stéiplz]
6	felt-tip marker	21	stapler
7	time card	22	paste [peist]
8	sponge [spʌndʒ]	23	paper punch [pʌntʃ]
9	rubber band	24	slip
10	numbering machine	25	slip holder
11	clasp envelope	26	ruler
12	cellophane tape [séləfein]	27	ash tray
13	tape	28	calling card
14	stamp [stæmp]	29	telephone directory
15	ink-pad [ínk-pæd]	30	phone index [indeks]

OFFICE

会社③

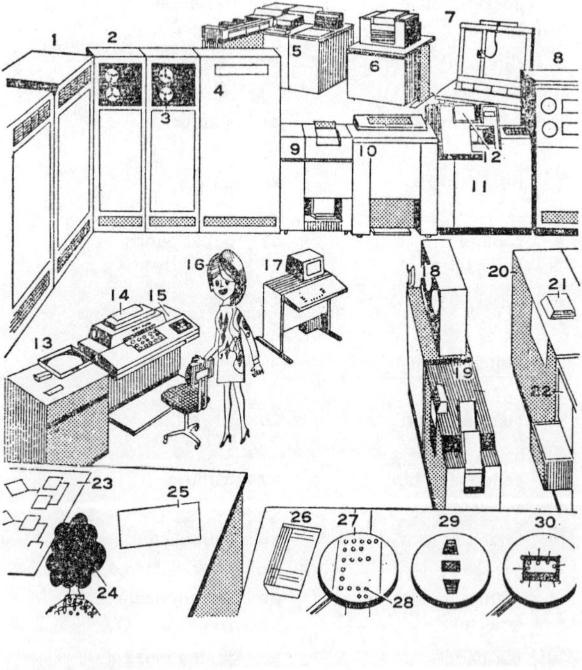
1
2
3
4
5
6
7
8
9
10
11
12
13
14
15
16
17
18
19
20
21
22
23
24
25
26
27
28
29
30

1	central processing unit	16	operator
2	magnetic tape unit	17	character display unit
3	tape reel	18	paper tape punch
4	magnetic tape control unit	19	punched card system
5	optical character reader	20	magnetic disc unit
6	optical mark reader	21	disk cartridge [ká:tridʒ]
7	flatbed plotter	22	card rack
8	paper tape reader	23	flow chart
9	magnetic drum unit	24	programmer
10	high speed printer	25	program
11	card reader	26	punched card
12	hopper	27	paper tape
13	disc pack [disk]	28	word mark
14	console typewriter	29	magnetic tape
15	table	30	integrated circuit

OFFICE
会社④

1
2
3
4
5
6
7
8
9
10.
11
12
13
14
15
16
17
18
19
20
21
22
23
24
25
26
27
28
29
30
MEMO

1	automatic exchange equipment	16	designation [dezignéiʃən]
2	switch-board	17	jack [dʒæk]
3	rectifier [réktifaiə]	18	pilot lamp
4	watch	19	plug [plʌg]
5	storage battery [stɔ́:ridʒ bǽtəri]	20	cord
6	rest room	21	flashing key
7	sofa	22	division key
8	desk amplifier	23	operator jack
9	microphone [máikrəfoun]	24	toll meter [toul]
10	chime [tʃaim]	25	phone girl
11	buzzer [bʌ́zə]	26	headset
12	repeater [ripí:tə]	27	memo
13	card box	28	receiver [risí:və]
14	alarm lamp	29	dial
15	switch for night	30	finger stop

TV STUDIO
テレビスタジオ

1	stage setting	16	cameraman
2	sceneman	17	TV camera
3	stage entrance	18	turret [tə́:rit]
4	suspended ceiling	19	camera stand
5	suspended light	20	cord
6	setting	21	director [diréktə]
7	spot	22	headphone microphone
8	fluorescent light	23	script [skript]
9	TV actress [ǽktris]	24	time-keeper
10	movable microphone	25	extra
11	actor [ǽktə]	26	child actor
12	boom	27	step ladder
13	microphone man	28	dressing room
14	stagehand	29	make-up artist
15	properties [prɑ́pətiz]	30	attendant [əténdənt]

NEWSPAPER OFFICE

新聞社

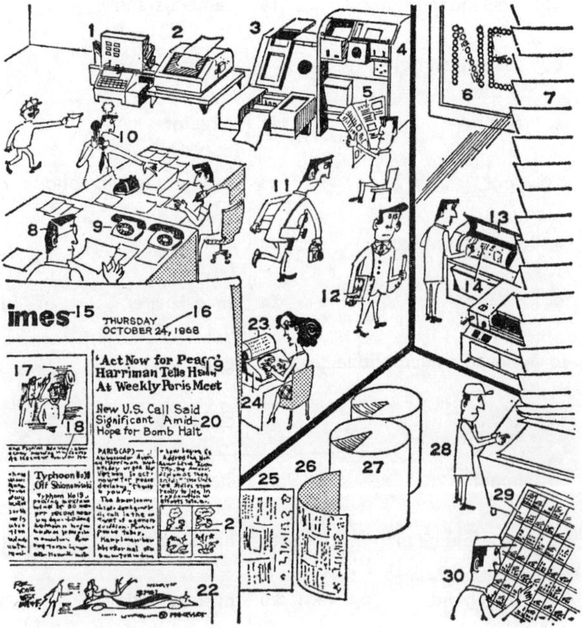

1	Linotype [láinətaip]	16	date
2	teleprinter	17	picture
3	wireless transmitter	18	caption
4	telex [téləks]	19	headline
5	newspaper	20	subtitle
6	talking-news	21	cartoon [kɑ:tú:n]
7	rotary press [róutəri]	22	advertisement
8	chief editor	23	typescript
9	telephone	24	typewriter
10	newsman	25	paper form
11	cameraman	26	stereotype [stériətaip]
12	walkie-talkie	27	rolled paper
13	facsimile receiver [fæksímili]	28	printer
14	Telephoto	29	printing type
15	epigraph [épigræf]	30	typesetter

FILM STUDIO

映画スタジオ

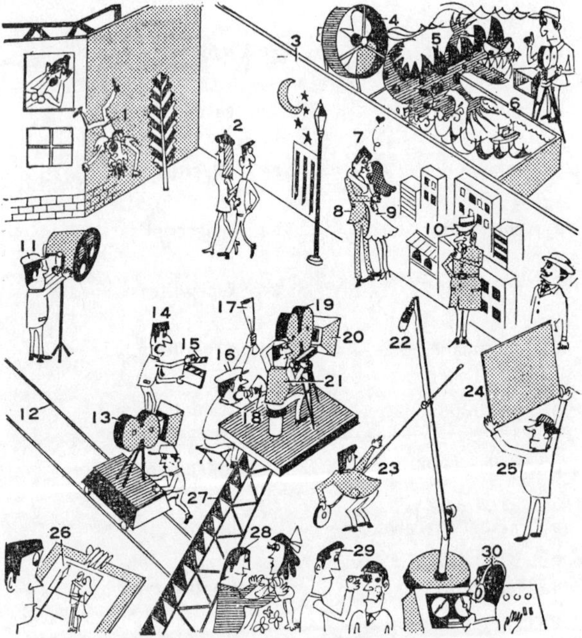

1	stuntman [stʌnt]	16	director
2	extras [ékstrəz]	17	scenario [sinɛ́:riou]
3	background	18	megaphone [mégəfoun]
4	fan	19	magazine
5	monster	20	big hood
6	trick photography	21	cameraman
7	love scene	22	microphone
8	movie actor	23	distance measurer
9	movie actress	24	reflector
10	villain [vílən]	25	reflector manipulator
11	lighting man	26	continuity
12	rail	27	crane
13	camera	28	dresser
14	assistant director	29	make-up artist
15	clapperboard	30	recordist [rikɔ́:dist]

CHURCH

教会①

1
2
3
4
5
6
7
8
9
10
11
12
13
14
15
16
17
18
19
20
21
22
23
24
25
26
27
28
29
30

1	stained glass	16	pulpit [púlpit]
2	canopy [kǽnəpi]	17	communion [kəmjú:njən]
3	crucifix [krú:sifiks]	18	layman [léimən]
4	candle	19	priest
5	candlestick	20	beretta [bərétə]
6	tabernacle [tǽbənækl]	21	cassock [kǽsək]
7	altar shelf [ɔ́:ltə]	22	chalice [tʃǽlis]
8	lectern	23	sanctuary door
9	altar	24	communion rail
10	altar steps	25	prayer [préiə]
11	sanctuary [sǽŋktʃuəri]	26	pew [pju:]
12	sacred utensil table	27	nave [neiv]
13	suspended lamp	28	Bible
14	choir-stalls [kwáiə-stɔ́:lz]	29	hunchback
15	saint	30	confessional [kənféʃənəl]

CHURCH
教会②

1
2
3
4
5
6
7
8
9
10
11
12
13
14
15
16
17
18
19
20
21
22
23
24
25
26
27
28
29
30

1	car for "just married"	16	bridal wreath [ri:θ]
2	can	17	bridal veil
3	flower girl	18	happy tears
4	guests	19	necklace
5	lovelorn man	20	bridal bouquet [bu:kéi]
6	rice	21	wedding dress
7	matchmaker	22	bridesmaid [bráidzmeid]
8	floral decoration [flɔ́:rəl]	23	choir [kwáiə]
9	handkerchief	24	hymnbook [hímbuk]
10	swallowtail coat	25	priest
11	gloves	26	miter [máitə]
12	bridegroom [bráidgru:m]	27	crosier [króuʒə]
13	single collar	28	ceremony assistant
14	wedding ring	29	holy water
15	bride [braid]	30	aspersorium

LAW COURT

裁判所

1	press table	16	witness [wítnis]
2	court spectator	17	swearing-in
3	guard	18	clerk
4	bar	19	Bible
5	nurse	20	dock
6	court doctor	21	typewriter
7	assistant prosecutor	22	court reporter
8	prosecutor [prásikju:tə]	23	clerk box
9	counsel [káunsəl]	24	witness stand
10	instruments	25	material evidence
11	defendant [diféndənt]	26	judge
12	handcuffs [hǽndkʌfs]	27	written judgement
13	jailer [dʒéilə]	28	chief judge
14	jury	29	gavel [gǽvl]
15	jury box	30	robe

POLICE STATION

警察署

1	detention cell	16	policeman
2	telephone operator	17	whistle [hwísl]
3	wanted poster	18	policeman's identification
4	composite photograph	19	revolver [rivɑ́lvə]
5	emergency bell [imə́:dʒənsi]	20	baton
6	police artist	21	policewoman
7	witness [wítnis]	22	plainclothes man
8	prison-van [-væn]	23	revolver belt
9	patrol car	24	arrested person
10	flash signal	25	handcuffs [hǽndkʌfs]
11	police motorcycle [móutəsaikl]	26	fingerprint [fíŋgəprint]
12	police dog	27	suspect [sʌ́spekt]
13	mug shot records	28	lie detector
14	helmet	29	magnifying glass
15	traffic policeman	30	criminal identifier

FIRE STATION

消防署

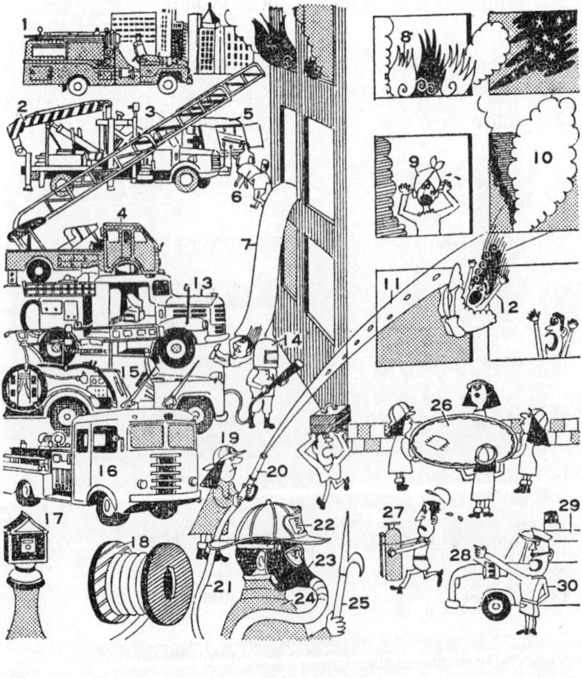

1	smoke ejector [idʒéktə]	16	pumper [pʌ́mpə]
2	rescue truck [réskju:]	17	fire-alarm bell
3	aerial ladder [ɛ́:riəl lǽdə]	18	hose reel [houz]
4	ladder car	19	fireman
5	ambulance [ǽmbjuləns]	20	nozzle [nɑ́zl]
6	stretcher [strétʃə]	21	hose
7	chute [ʃu:t]	22	smoke helmet
8	flames	23	gas mask
9	screaming lady	24	fireproof suit
10	smoke	25	hook
11	water	26	life net
12	jumping lady	27	fire extinguisher
13	chemical extinguisher	28	siren [sáirin]
14	asbestos suit [æzbéstəs]	29	fire-chief's car
15	fire engine	30	fire-chief

POST OFFICE

郵便局

1	mail sorter	16	postal clerk [póustəl]
2	mailclerk	17	reception tape
3	stamper	18	post-office box
4	culling machine [kʌ́liŋ]	19	mail slot
5	automatic mail sorter	20	paste pot [peist]
6	mail bag	21	envelope [énviloup]
7	mailman [méilmən]	22	telegram [téligræm]
8	mailman's bag	23	air mail
9	telegraph	24	return postcard
10	telegraph-operator	25	post card
11	balance	26	address
12	tag	27	name
13	parcel	28	postmark
14	package man	29	zip code
15	handstamp	30	postage stamp

BANK

銀行

1
2
3
4
5
6
7
8
9
10
11
12
13
14
15
16
17
18
19
20
21
22
23
24
25
26
27
28
小切手帳
29
30

1	banker	16	ten-dollar bill
2	computer room	17	one-dollar coin
3	coin bag	18	five-cent coin
4	alarm	19	ten-cent coin
5	strong room	20	twenty-five cent coin
6	safe	21	threatened clerk
7	safecracker	22	bank robber
8	safe-deposit box for rent	23	mask
9	bookkeeper [búkki:pə]	24	wallet [wɑ́lit]
10	accountant [əkáuntənt]	25	savings box
11	loan teller [loun]	26	deposit teller [dipɑ́zit]
12	paying teller	27	deposit passbook
13	wad of bills [wɑd]	28	checkbook
14	one-dollar bill	29	customer [kʌ́stəmə]
15	five-dollar bill	30	guard

PARLIAMENT

国会

1	visitor's gallery	16	secretary [sékritəri]
2	auditor [ɔ́:ditə]	17	minute book [mínit]
3	interrupter	18	secretary box
4	national flag	19	entrance
5	mace	20	guard
6	speaker	21	congressman
7	deputy speaker [dépjuti]	22	party in opposition
8	speaker's box	23	absent seat
9	demonstrator [démənstreitə]	24	interpellator [intə́:pileitə]
10	placard	25	passage
11	roll-call vote	26	party in power
12	voting card [vóutiŋ]	27	clapper [klǽpə]
13	ballot box [bǽlət]	28	newspaper man
14	voting observer	29	news cameraman
15	platform	30	shorthand notes

AIRPORT

空港①

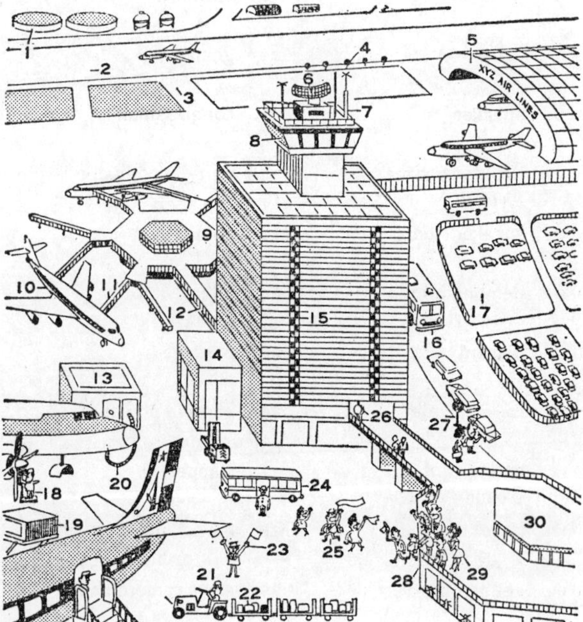
XYZ AIR LINES
1
2
3
4
5
6
7
8
9
10
11
12
13
14
15
16
17
18
19
20
21
22
23
24
25
26
27
28
29
30

1	fuel tank [fjú:əl]	16	limousine bus [límәzi:n]
2	runway [rʌ́nwei]	17	parking area
3	taxiway	18	groundman
4	taxi light	19	cargo
5	airplane shed	20	fuel hose [houz]
6	radar [réidə]	21	cargo loader
7	flying beacon [bí:kən]	22	train of baggage
8	control tower	23	flagman
9	arrival building	24	ramp bus
10	airplane	25	passenger
11	telescoping walkway	26	search light
12	bridge	27	taxi stop
13	fueling station	28	gate
14	cargo terminal [ká:gou]	29	well-wisher
15	terminal building	30	departure building

AIRPORT

空港②

C408443
MR. ICHIRO YAMADA
JAPAN
165
MOLE ON THE FOREHEAD
TOKYO
30 JUNE 1948
19 MAY 1968
STUDENT
TOKYO
STUDY
MINISTRY OF FOREIGN AFFAIR
Ichiro Yamada
ONG
HAWAII

1	stand	16	date of birth
2	VIP room [ví:áipí:]	17	issue date [íʃu:]
3	turnstile	18	occupation [ɑkjupéiʃən]
4	seeing-off passage	19	place issued at
5	waiting room	20	purpose of travel
6	quarantine counter [kwɑ́rənti:n]	21	authority issued by
7	departure lobby	22	photo
8	passport [pǽspɔ:t]	23	signature of bearer
9	passport number	24	air line company employee
10	name	25	air ticket
11	surname [sə́:neim]	26	visa [ví:zə]
12	nationality	27	certificates of vaccination
13	height [hait]	28	baggage tag
14	physical peculiarity	29	ticket counter
15	registered domicile	30	scales

AIRPORT

空港③

1
2
3
4
5
6
7
8
9
10
11
12
13
14
15
16
17
18
19
20
21
22
23
24
25
26
27
28
29
30
HOTEL

1	seizures depot [sí:ʒəz]	16	strict customs officer
2	entry waiting room	17	knife
3	customs	18	information girl
4	customs office	19	information counter
5	carousel	20	limousine counter [líməzi:n]
6	duty cashier [kæʃíə]	21	baggage cart
7	inspection room	22	porter
8	customs officer	23	tip
9	suspected person	24	welcomer
10	passenger inspection	25	arrival lobby [əráivəl]
11	female inspector	26	returned traveler
12	inspection counter	27	world timetable
13	belt conveyor [kənvéiə]	28	embrace [imbréis]
14	smuggler [smʌ́glə]	29	TV timetable
15	gold bar	30	hotel phone

AIRPORT

空港④

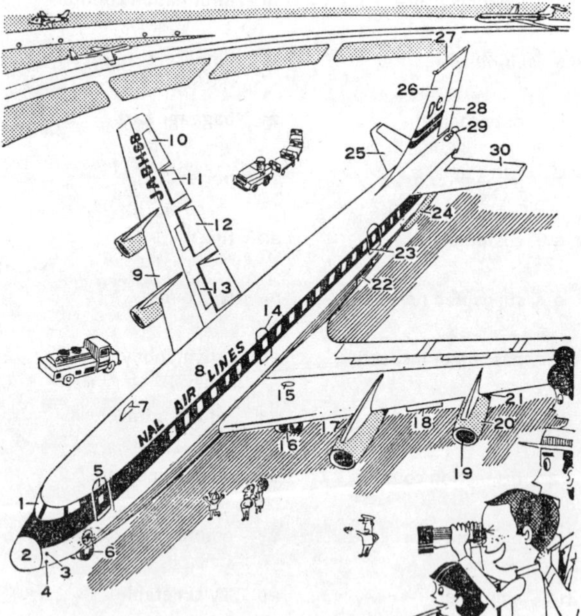
NAL AIR LINES
DC
1
2
3
4
5
6
7
8
9
10
11
12
13
14
15
16
17
18
19
20
21
22
23
24
25
26
27
28
29
30

1	**cockpit** [kɑ́kpit]	16	**main wheel**
2	**weather radar** [réidɑ:]	17	**jet engine**
3	**Pitot tube** [pi:tóu]	18	**leading edge flap**
4	**air vent**	19	**jet air vent**
5	**front door**	20	**jet pod**
6	**nosewheel** [nóuzwi:l]	21	**nozzle** [nɑ́zl]
7	**VHF antenna**	22	**cargo compartment**
8	**fuselage** [fjú:zilidʒ]	23	**rear door** [riə]
9	**main plane**	24	**stabilizing fins** [stéibilaiziŋ]
10	**aileron** [éilərɑn]	25	**stabilizer**
11	**flap**	26	**tailfin**
12	**outboard flap**	27	**loran antenna** [ló:rən]
13	**ground spoilers** [spɔ́iləz]	28	**rudder** [rʌ́də]
14	**emergency exit**	29	**taillight**
15	**fuel valve** [vælv]	30	**elevator** [éliveitə]

AIRPORT

空港⑤

1
2
3
4
NO SMOKING
5
6
7
8
9
10
11
12
13
14
15
16
17
18
19
20
21
22
23
24
25
26
27
28
29
30

1	hat rack [ræk]	16	polyethylene bag [pɑliéθili:n]
2	seat	17	pillow
3	curtain	18	table
4	screen	19	blanket
5	signboard	20	ash tray
6	table-button	21	reclining button
7	table light	22	safety belt
8	call button	23	cockpit
9	air-hole	24	lounge [laundʒ]
10	purser [pə́:sə]	25	first-class seats
11	steward [stjúəd]	26	window
12	pocket	27	economy-class seats
13	life preserver [prizə́:və]	28	garments rack
14	stewardess [stjúədis]	29	galley
15	airsick man [ɛ́əsik]	30	toilet [tɔ́ilit]

AIRPORT

空港⑥

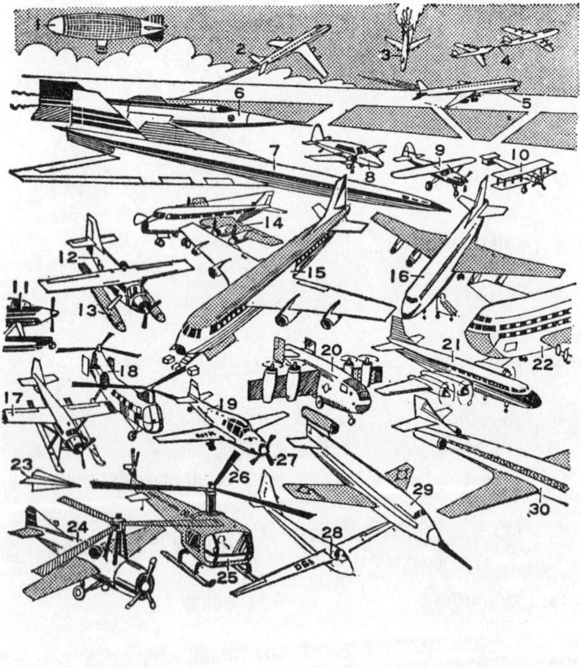
1
2
3
4
5
6
7
8
9
10
11
12
13
14
15
16
17
18
19
20
21
22
23
24
25
26
27
28
29
30

1	**airship**	16	**jetliner** [dʒétlainə]
2	**take-off**	17	**ski-equipped plane**
3	**precipitation** [prisipitéiʃən]	18	**tandem rotor helicopter**
4	**aerial refueling** [ɛ́:riəl rí:fjú:əliŋ]	19	**single-seat monoplane**
5	**landing**	20	**VTOL** [ví:toul]
6	**rocket plane**	21	**turboprop plane**
7	**supersonic transport**	22	**Jumbo**
8	**propeller liner**	23	**paper plane**
9	**highwing plane**	24	**autogyro** [ɔ:tədʒáirou]
10	**biplane** [báiplein]	25	**helicopter** [hélikɑptə]
11	**amphibian** [æmfíbiən]	26	**blade**
12	**seaplane**	27	**propeller** [prəpélə]
13	**pontoon** [pɑntú:n]	28	**glider** [gláidə]
14	**radar plane** [réidɑ:]	29	**single jet plane**
15	**freighter** [fréitə]	30	**twin jet plane**

PORT

港①

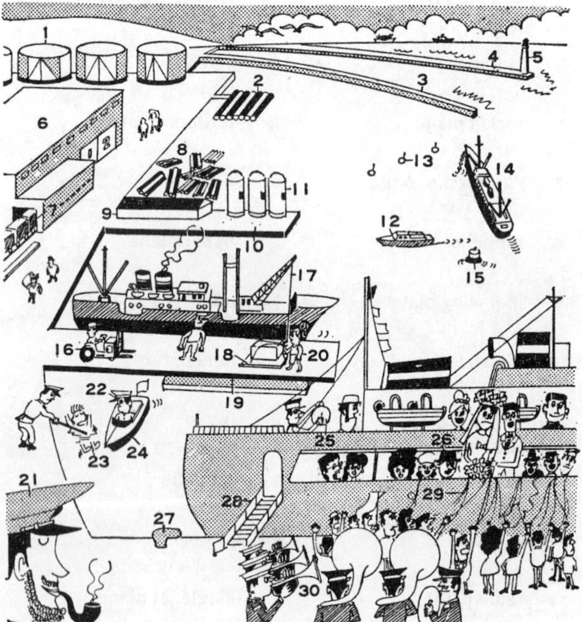
1
2
3
4
5
6
7
8
9
10
11
12
13
14
15
16
17
18
19
20
21
22
23
24
25
26
27
28
29
30

1	**oil storage tank**	16	**lift truck**
2	**raft**	17	**crane**
3	**pier** [piə]	18	**pallet** [pǽlit]
4	**breakwater** [bréikwɔ:tə]	19	**fender**
5	**lighthouse** [láithaus]	20	**stevedore** [stí:vidɔə]
6	**storehouse** [stɔ́əhaus]	21	**sailor**
7	**boat train**	22	**water policeman**
8	**timber quarter** [tímbə kwɔ́:tə]	23	**drowned person** [draund]
9	**shed**	24	**patrol boat**
10	**wharf** [hwɔ:f]	25	**gong** [gɔ:ŋ]
11	**silo** [sáilou]	26	**passenger** [pǽsindʒə]
12	**launch** [lɑ:ntʃ]	27	**bit**
13	**buoy** [bɔi]	28	**accommodation ladder** [əkɑmədéiʃən lǽdə]
14	**ship at anchor** [ǽŋkə]	29	**streamer**
15	**mooring buoy** [múəriŋ]	30	**brass band**

PORT

港②

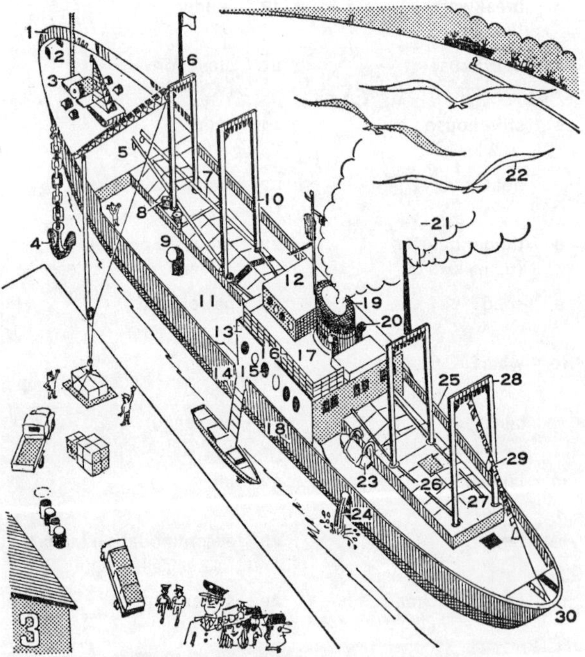
1
2
3
4
5
6
7
8
9
10
11
12
13
14
15
16
17
18
19
20
21
22
23
24
25
26
27
28
29
30
3

1	stem	16	bridge deck
2	forecastle deck [fóuksl]	17	navigation bridge
3	windlass [wíndləs]	18	freight space
4	anchor	19	funnel [fʌ́nəl]
5	derrick boom [dérik]	20	engine room ventilator
6	foremast	21	smoke
7	derrick crane	22	sea gull
8	winch [wintʃ]	23	lifeboat
9	ventilator [véntileitə]	24	bilge water [bildʒ]
10	derrick post	25	bulwark [búlwə:k]
11	upper deck	26	hatch [hætʃ]
12	wheel house	27	hatch board
13	stateroom [stéitru:m]	28	mainmast
14	passengers' ladder	29	signal flag
15	porthole [pɔ́:thoul]	30	stern [stə:n]

PORT

港③

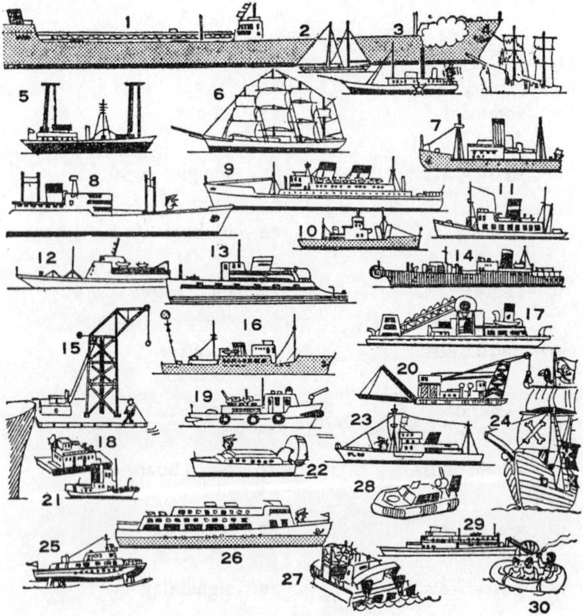
1
2
3
4
5
6
7
8
9
10
11
12
13
14
15
16
17
18
19
20
21
22
23
24
25
26
27
28
29
30

1	oil tanker	16	weather explorer
2	sailboat	17	bucket dredger [drédʒə]
3	steamship	18	pusher boat
4	phantom ship [fǽntəm]	19	fireboat
5	rotor ship	20	suction dredger
6	school ship	21	tugboat [tʌ́gbout]
7	icebreaker [áisbreikə]	22	propeller boat
8	freighter [fréitə]	23	coast-guard ship
9	passenger boat	24	pirate ship [páirit]
10	trawl-boat	25	hydrofoil liner [háidrəfɔil]
11	salvage boat [sǽlvidʒ]	26	pleasure boat
12	atomic-powered ship	27	vane propeller boat
13	ferryboat	28	hovercraft boat [hʌ́vəkræft]
14	cable ship	29	towboat
15	crane ship	30	lifeboat

DOCKYARD

造船所

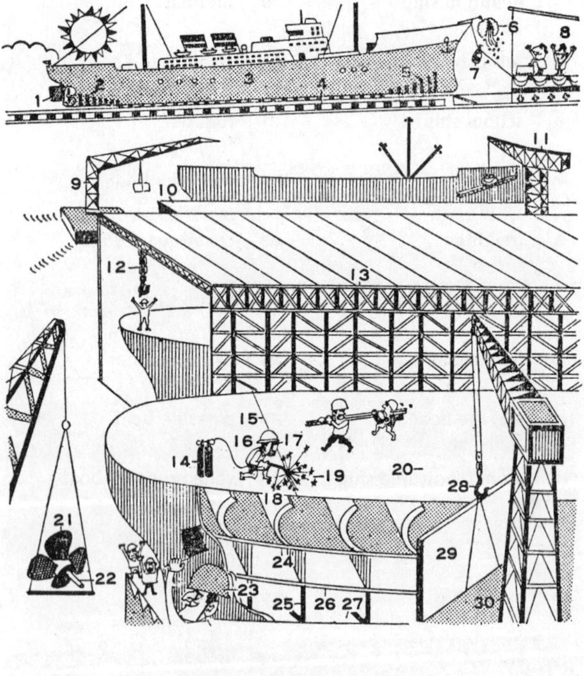

1	rudder [rʌ́də]	16	welder [wéldə]
2	stern timber [tímbə]	17	welding mask
3	hull [hʌl]	18	welding machine
4	building slip	19	sparks
5	stem timber	20	upper deck
6	ornamental deodorizer	21	propeller
7	champagne bottle	22	propeller shaft
8	platform	23	helmet
9	floating crane	24	middle deck
10	equipment wharf [hwɔːf]	25	bulkhead [bʌ́lkhed]
11	hammerhead crane	26	lower deck
12	gantry crane [gǽntri]	27	bottom of a ship
13	gantry	28	crane hook
14	acetylene tank	29	block
15	joint	30	jib crane [dʒib]

AIR BASE

空軍基地①

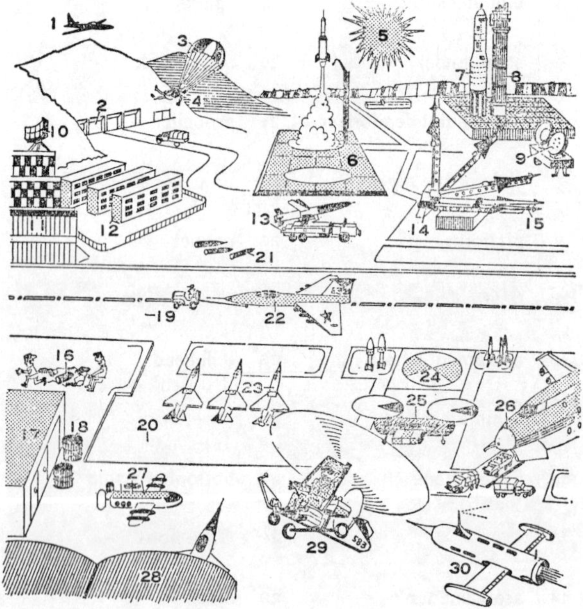

1	spy plane	16	blind shell
2	powder magazine	17	fuel magazine [fjú:əl]
3	parachute [pǽrəʃu:t]	18	drum can
4	paratrooper [pǽrətru:pə]	19	runway
5	explosion [iksplóuʒən]	20	apron
6	launcher [lɑ́:ntʃə]	21	bomb
7	ICBM	22	bomber
8	launch tower	23	jet fighter [dʒét fáitə]
9	beam transmitter [bí:m trænsmítə]	24	heliport
10	radar [réidɑ:]	25	heavy-lift helicopter
11	control tower	26	transport plane
12	barrack [bǽrək]	27	radar plane
13	missile launcher	28	airplane shed
14	booster	29	one-man helicopter
15	ground-to-air missile	30	drone

AIR BASE
空軍基地②

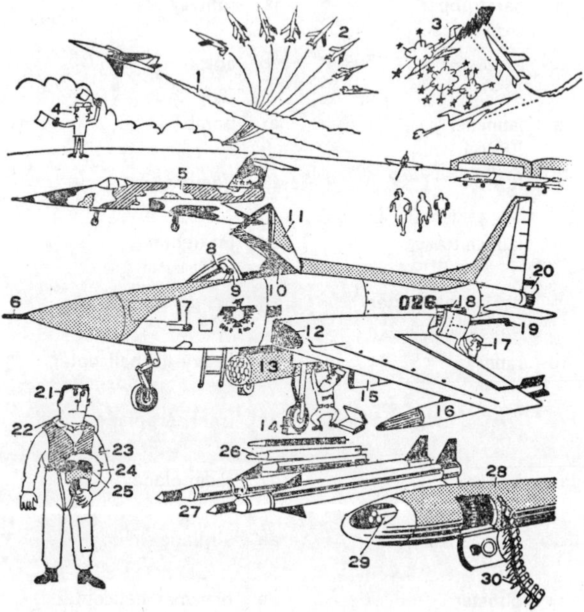

1	vapor trail	16	fuel tank [fjú:əl]
2	stunt flying [stʌnt]	17	ground man
3	air battle	18	air brake
4	marshaler	19	landing hook
5	camouflage [kǽmuflɑ:ʒ]	20	fuel injection nozzle
6	Pitot tube	21	pilot [páilət]
7	machine gun [məʃí:n]	22	emergency parachute
8	missile sight [mísil]	23	flying suit
9	control stick	24	flying helmet
10	ejection seat	25	goggles [gɑ́gls]
11	wind breaker	26	rocket bomb
12	shock-body	27	air-to-air missile
13	rocket bomb pod	28	Vulcan pod
14	buffer stop [bʌ́fəstɑp]	29	muzzle [mʌzl]
15	piron [páirən]	30	ammunition belt

NAVY BASE

海軍基地①

1	**hospital ship**	16	**destroyer**
2	**transport ship**	17	**atomic submarine** [sʌ́bməri:n]
3	**submerged vessel** [səbmə́:dʒid]	18	**bridge**
4	**missile** [mísil]	19	**radar**
5	**landing boat**	20	**tank vessel** [vésl]
6	**marine crew** [mərí:n]	21	**crewman**
7	**warship** [wɔ́:ʃip]	22	**catapult guide rail** [kǽtəpʌlt]
8	**high-angle gun**	23	**deck plane**
9	**turret** [tə́:rit]	24	**catapult dolly** [dάli]
10	**crane** [krein]	25	**whip antenna**
11	**airplane carrier**	26	**flight deck**
12	**battle cruiser** [krú:zə]	27	**angled deck**
13	**mine**	28	**landing mark**
14	**splashes** [splǽʃiz]	29	**aircraft lift** [ɛ́əkræft]
15	**minelayer**	30	**arrester wire** [əréstə]

NAVY BASE

海軍基地②

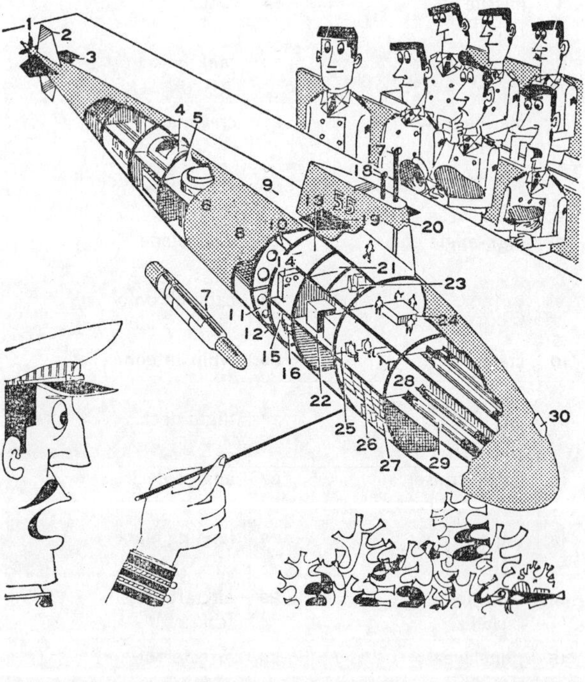

1	**propeller** [prəpélə]	16	**gyro**
2	**vertical rudder** [və́:tikəl]	17	**periscope** [périskoup]
3	**horizontal rudder** [hɔ:rizɑ́ntəl]	18	**snorkel** [snɔ́:kl]
4	**engine room**	19	**submerging rudder** [səbmə́:dʒiŋ]
5	**reactor room**	20	**bridge**
6	**reactor**	21	**periscope room**
7	**submarine missile**	22	**stores**
8	**missile room** [mísil]	23	**control room**
9	**main deck**	24	**officer's wardroom** [wɔ́:dru:m]
10	**ventilator** [véntileitə]	25	**crew's mess**
11	**ballast tank**	26	**crew's quarters**
12	**Kingston valve**	27	**batteries** [bǽtəriz]
13	**navigation room** [nævigéiʃən]	28	**forward torpedo room**
14	**missile control center**	29	**torpedo** [tɔ:pí:dou]
15	**gyro room** [dʒáirə]	30	**sonar** [sóunɑ:]

ARMY BASE

陸軍基地①

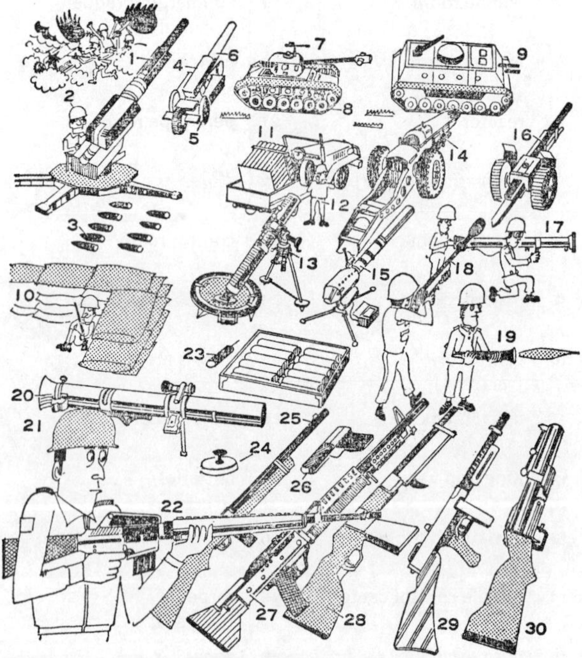

1	**anti-aircraft gun** [ænti-έəkræft]	16	**shell gun**
2	**gunner** [gʌ́nə]	17	**bazooka** [bəzú:kə]
3	**cannonball**	18	**rifle grenade** [grinéid]
4	**cannon**	19	**flamethrower**
5	**gun carriage** [kǽridʒ]	20	**90mm rifle**
6	**gun barrel** [bǽrəl]	21	**foot soldier**
7	**tank**	22	**semi-automatic rifle**
8	**caterpillar track/tank tread**	23	**dynamite** [dáinəmait]
9	**armored car** [ɑ́:məd]	24	**mine**
10	**trench** [trentʃ]	25	**carbine**
11	**rocket gun**	26	**shooter** [ʃú:tə]
12	**rocketeer** [rɑkitíə]	27	**machine gun**
13	**mortar** [mɔ́:tə]	28	**light machine gun**
14	**howitzer** [háuitsə]	29	**submachine gun**
15	**recoilless gun** [rikɔ́illis]	30	**launcher** [lɑ́:ntʃə]

ARMY BASE

陸軍基地②

1	barbed wire fence	16	canteen [kæntí:n]
2	deserter [dizə́:tə]	17	camouflage pants
3	guerrilla [gərílə]	18	combat boot
4	MP	19	sleeping bag
5	ranger [réindʒə]	20	gas mask
6	rescue helicopter	21	bayonet [béiənit]
7	army hospital	22	injured soldier [índʒəd]
8	steel helmet	23	medical corpsman [kɔ́:mən]
9	strap	24	war correspondent
10	knapsack [nǽpsæk]	25	combat correspondent
11	bulletproof vest [búlitpru:f]	26	walkie-talkie [wɔ́:ki-tɔ́:ki]
12	cartridge belt	27	woman soldier
13	cartridge box	28	officer
14	grenade [grinéid]	29	salute [səlú:t]
15	entrenching tool	30	general

SPACE STATION

宇宙飛行基地

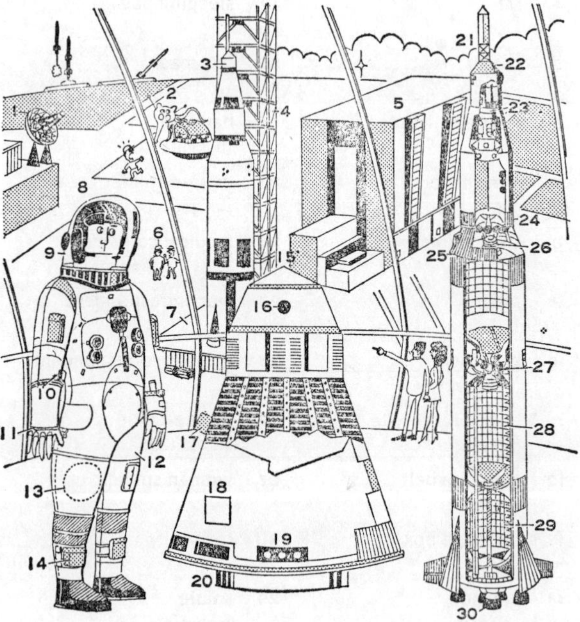

1	**antenna** [ænténə]	16	**horizon scanner** [skǽnə:]
2	**space creature**	17	**periscope** [périskoup]
3	**rocket**	18	**side hatch**
4	**launch tower**	19	**roll control jets**
5	**assembly building**	20	**retrorocket** [rétrourɑ́kit]
6	**operator**	21	**escape tower**
7	**launcher**	22	**spacecraft**
8	**astronaut** [ǽstrənɔ:t]	23	**service module** [sə́:vis mɑ́dju:l]
9	**airtight helmet**	24	**oxygen tank**
10	**manometer** [mənɑ́mitə]	25	**retrorocket** [rétrourɑ́kit]
11	**airtight gloves**	26	**third stage's engine**
12	**space suit**	27	**second stage's engine**
13	**urine tube** [jú:rin]	28	**helium gas bottles**
14	**list case**	29	**kerosene tank** [kérəsi:n]
15	**space capsule** [kǽpsəl]	30	**first stage's engine**

FARM

農場

1
2
3
4
5
6
7
8
9
10
11
12
13
14
15
16
17
18
19
20
21
22
23
24
25
26
27
28
29
30

1	**silo** [sáilou]	16	**farmer**
2	**seeding plane**	17	**henhouse**
3	**barn**	18	**rooster** [rú:stə]
4	**pest spray**	19	**hen**
5	**farmer's house**	20	**food box**
6	**windmill** [wíndmil]	21	**chick**
7	**cart**	22	**hay**
8	**setting sun**	23	**pitchfork**
9	**pasture** [pǽstʃə]	24	**harvester** [hɑ́:vistə]
10	**caterpillar tractor** [kǽtəpilə trǽktə]	25	**stable** [stéibl]
11	**field**	26	**milkman**
12	**tractor**	27	**fodder** [fɑ́də]
13	**sterilizer** [stérilaizə]	28	**manger** [méindʒə]
14	**pasturage** [pǽstʃəridʒ]	29	**milking cow**
15	**pig**	30	**milk can**

CASTLE

城

1
2
3
4
5
6
7
9
10
11
12
13
14
15
16
17
18
19
20
21
22
23
24
25
26
27
28
29
30

1	**skull** [skʌl]	16	**greave**
2	**jugular** [dʒʌ́gjulə:]	17	**solleret** [sɑ́ləret]
3	**ventail** [vénteil]	18	**joust** [dʒaust]
4	**bevor**	19	**lord**
5	**neck-guard**	20	**royal banner**
6	**pauldron** [pɔ́:ldrən]	21	**parapet** [pǽrəpit]
7	**lance rest**	22	**keep**
8	**breastplate**	23	**bartizan** [bɑ́:tizən]
9	**elbow-cop**	24	**drawbridge**
10	**gauntlet** [gǽntlit]	25	**moat**
11	**taces**	26	**knight**
12	**tasset** [tǽsit]	27	**steed**
13	**fauld**	28	**lance** [læns]
14	**cuisse** [kwís]	29	**attendant** [əténdənt]
15	**knee cop**	30	**buckler**

PALACE

宮殿

1
2
3
4
5
6
7
8
9
10
11
12
13
14
15
16
17
18
19
20
21
22
23
24
25
26
27
28
29
30

1	chamberlain [tʃéimbəlin]	16	marchioness [mɑ́:ʃənis]
2	scepter [séptə]	17	count
3	throne [θroun]	18	countess
4	crown	19	viscount [váikaunt]
5	king	20	viscountess [váikauntis]
6	robe	21	baron
7	queen	22	baroness
8	sash	23	courtier [kɔ́:tiə]
9	court lady	24	wig
10	prince	25	knight [nait]
11	princess	26	baronet [bǽrənit]
12	chandelier [ʃændilíə]	27	medal [médəl]
13	duke [dju:k]	28	beefeater [bí:fi:tə]
14	duchess [dʌ́tʃis]	29	ambassador [æmbǽsədə]
15	marquis [mɑ́:kwis]	30	ambassadress

JAIL
刑務所

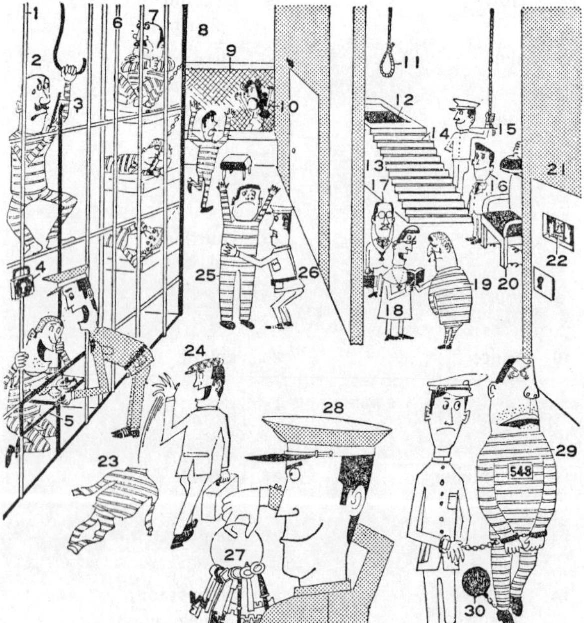
1
2
3
4
5
6
7
8
9
10
11
12
13
14
15
16
17
18
19
20
21
22
23
24
25
26
27
28
29
548
30

1	grating [gréitiŋ]	16	official watchman
2	jail-breaker	17	jail doctor
3	rasp	18	chaplain
4	lock	19	condemned criminal [kəndémd kríminəl]
5	food slot	20	electric chair
6	dormitory	21	solitary cell [sɑ́litəri]
7	boss	22	eyehole
8	meeting room	23	prison uniform
9	wire gauze [gɔ:z]	24	released convict [rilí:st kɑ́nvikt]
10	caller [kɔ́:lə]	25	new bird
11	hanging rope	26	prisoner inspector
12	trap door	27	a bunch of keys
13	gallows [gǽlouz]	28	jailer [dʒéilə]
14	thirteen steps	29	prisoner [príznə]
15	executioner [eksikjú:ʃənə]	30	ball and chain

GRAVEYARD

墓地

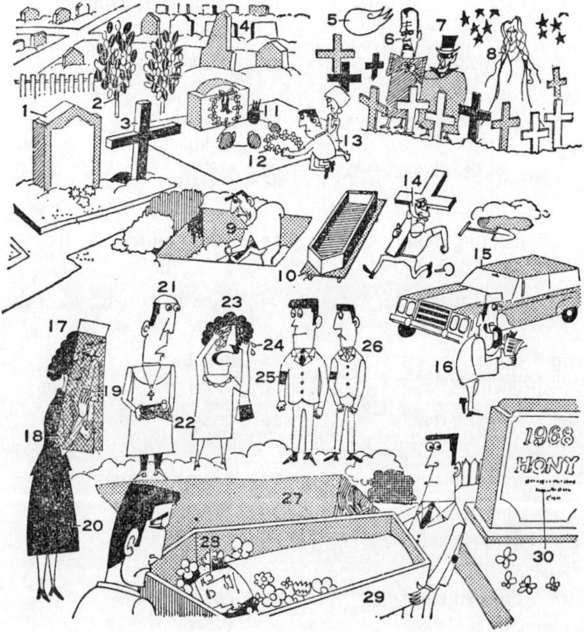

1	gravestone [gréivstoun]	16	funeral director
2	yew tree [ju:-]	17	widow
3	cross	18	veil [veil]
4	public cemetery [pʌ́blik]	19	handkerchief [hǽŋkətʃif]
5	jack-o'-lantern	20	mourning dress [mɔ́:niŋ]
6	Frankenstein [frǽŋkənstain]	21	priest [pri:st]
7	Dracula	22	Bible
8	ghost [goust]	23	bitter weeper
9	gravedigger	24	tears
10	casket	25	mourning band
11	eternal flame	26	attendants [əténdənts]
12	wreath [ri:θ]	27	grave
13	visitors	28	dead person
14	grave robber	29	coffin [kɔ́:fin]
15	hearse [hə:s]	30	epitaph [épitæf]

IRONWORKS

鉄工所

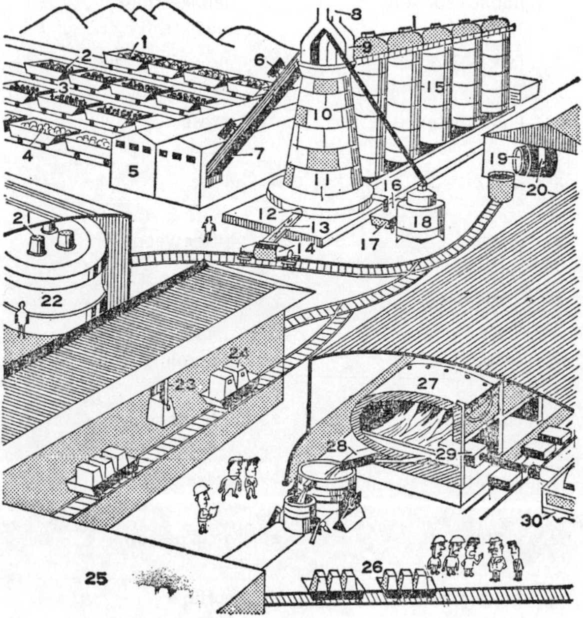

1	iron ore [ɔə]	16	slag [slæg]
2	coke	17	slag ladle
3	coal	18	cleaning plant
4	limestone [láimstoun]	19	Bessemer converter [bésimə:]
5	storage bin	20	trunnion [trʌ́niən]
6	skip car	21	electrode [iléktroud]
7	skip hoist [hɔist]	22	electric furnace
8	breeder	23	stripper crane
9	uptake [ʌ́pteik]	24	ingot mold [íŋgət]
10	blast furnace [fə́:nis]	25	soaking pit [sóukiŋ]
11	loop pipe	26	ingot
12	tapping hole	27	open-hearth furnace
13	molten iron	28	iron-runner
14	molten iron ladle [léidl]	29	charging box
15	stove	30	charging machine

COAL MINE

炭坑

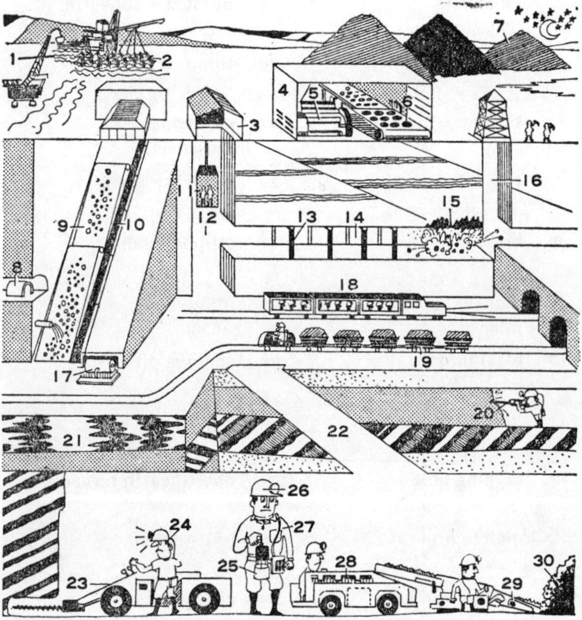
1
2
3
4
5
6
7
8
9
10
11
12
13
14
15
16
17
18
19
20
21
22
23
24
25
26
27
28
29
30

1	surface mine [sə́:fis]	16	airway [ɛ́əwei]
2	auger [ɔ́:gə]	17	draining pump
3	mine shaft	18	tub
4	dressing plant	19	coal-waggon
5	crusher [krʌ́ʃə]	20	drill
6	ore separator [ɔə]	21	coal seam
7	mound of coalpit waste	22	oblique mine [əblí:k]
8	tipple	23	automatic drill
9	belt conveyor [kənvéiə]	24	miner [máinə]
10	draining pipe [dréiniŋ]	25	detector
11	elevator	26	hard cap
12	pit	27	safety garb [gɑ:b]
13	support [səpɔ́:t]	28	shuttle car [ʃʌ́tl]
14	horizontal mine	29	loading machine
15	cave-in [kéiv-in]	30	coal

WEATHER STATION

測候所

1	thermometer [θəmɑ́mitə]	16	isobar [áisoubɑ:]
2	Celsius [sélsiəs]	17	high air pressure
3	Fahrenheit [fǽrənhait]	18	typhonic eye [taifɑ́nik]
4	hygrometer [haigrɑ́mitə]	19	arrow
5	Snowman	20	low air pressure
6	rain gauge [geidʒ]	21	clear [kliə]
7	instrument shelter	22	cloudy
8	anemometer	23	rainy
9	wind vane	24	snowy
10	meteorologist [mi:tiərɑ́lədʒist]	25	haze
11	weather radar scope	26	cold front
12	manometer [mənɑ́mitə]	27	warm front
13	recording table	28	stationary front
14	seismometer [saizmɑ́mitə]	29	occluded front [əklú:did]
15	weather chart	30	forecaster [fɔəkǽstə]

RIVER
川

1	forest fire	16	basin
2	column of smoke [kάləm]	17	woodcutter
3	summit [sʌ́mit]	18	gabion [ɡéibiən]
4	valley	19	bank
5	hermit [hə́:mit]	20	ripples [ríplz]
6	spring	21	bathing woman
7	fishing bear	22	Peeping Tom
8	suspension bridge [səspénʃən]	23	fan
9	rock	24	pampas grass
10	log bridge	25	gravelstone
11	path	26	ballast pit [bǽləst]
12	hiker	27	ballast
13	creek [kri:k]	28	sandbank
14	cascade [kæskéid]	29	ferryman
15	disciplinant [dísiplinənt]	30	ferry

DESERT

砂漠

1
2
3
4
5
6
7
8
9
10
11
12
13
14
15
16
17
18
19
20
21
22
23
24
25
26
27
28
29
30

1	sandstorm	16	chief
2	tornado [tɔ:néidou]	17	vulture [vʌ́ltʃə]
3	derrick [dérik]	18	drumstick grass tree
4	mirage [mirɑ́:ʒ]	19	yucca [jʌ́kə]
5	oasis [ouéisis]	20	baobab tree [béəbæb]
6	sphinx [sfiŋks]	21	exploration party
7	pyramid [pírəmid]	22	dying of thirst
8	pipeline	23	joshua tree
9	broadsword	24	agave
10	robber	25	skeleton
11	caravan	26	echinocactus [ikáinokǽktəs]
12	dune [dju:n]	27	tumbleweed
13	hump [hʌmp]	28	prickly-pear cactus
14	camel	29	sagebrush
15	tepee [tí:pi:]	30	saguaro cactus [səgwɑ́:rou]

BEACH

海辺

1
2
3
4
5
6
7
8
9
10
11
12
13
14
15
16
17
18
19
20
21
22
23
24
25
26
27
28
29
30

1	windbreak	16	watchman
2	beach saloon [səlúːn]	17	2-piece swimsuit
3	beach tent	18	sunglasses
4	canvas chair	19	1-piece swimsuit
5	hula dancer [húːlə]	20	tube
6	lei [lei]	21	lifeguard
7	sand hill	22	lookout
8	surfer	23	beach sandal
9	surf	24	swim cap
10	springboard	25	bikini [bikíːni]
11	dressing room	26	olive oil [áliv]
12	beach parasol	27	surf board
13	boat	28	swim trunks
14	drowning man	29	beach jacket
15	sea mattress	30	sandshoe

SEA

海①

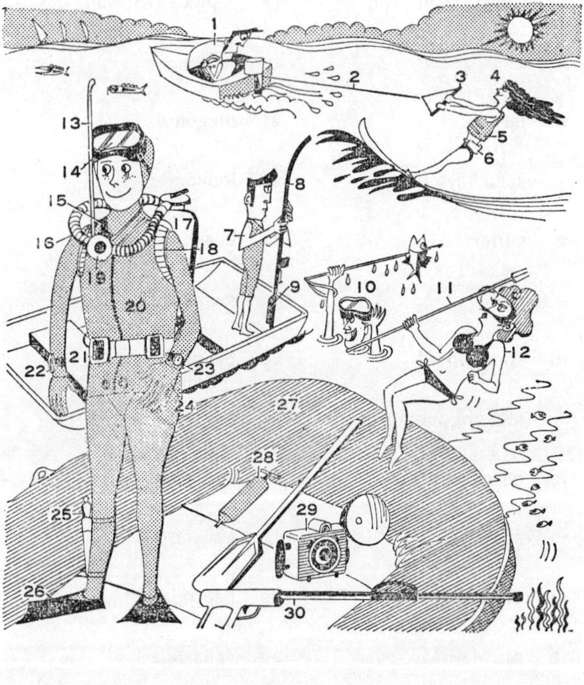
1
2
3
4
5
6
7
8
9
10
11
12
13
14
15
16
17
18
19
20
21
22
23
24
25
26
27
28
29
30

1	motorboat	16	hose
2	ski-rope	17	air tank
3	handle	18	strap
4	water skier [skí:ə]	19	regulator
5	jump vest [vest]	20	wet suit
6	ski belt	21	weight belt
7	shorty wet suit	22	depth gauge [depθ]
8	water ski	23	diver's watch
9	keel	24	matching gloves
10	diver	25	diver's knife
11	harpoon [hɑ:pú:n]	26	fin
12	skin diver	27	canvas boat
13	snorkel [snɔ́:kl]	28	hand pump
14	mask	29	underwater still camera
15	neck band	30	speargun [spíəgʌn]

SEA

海②

1
2
3
4
5
6
7
8
9
10
11
12
13
14
15
16
17
18
19
20
21
22
23
24
25
26
27
28
29
30

1	storm	16	storm suit
2	wrecked ship	17	life buoy [bɔi]
3	mermaid [mə́:meid]	18	harness [hɑ́:nis]
4	desert islet [áilit]	19	rod belt
5	raft [ræft]	20	aqualight [ǽkwəlait]
6	castaway	21	trolling reel
7	horizon	22	trolling rod
8	floating lighthouse	23	gaff [gæf]
9	whirlpool [hwə́:lpu:l]	24	rod stand
10	island	25	feather jig
11	rias [rí:ɑ:z]	26	trolling line
12	peninsula [pinínsjulə]	27	reef
13	bay	28	suicide [sú:isaid]
14	outfall	29	cliff
15	cruiser [krú:zə]	30	grotto [grɑ́tou]

SEA

海③

1
2
3
4
5
6
7
8
9
10
11
12
13
14
15
16
17
18
19
20
21
22
23
24
25
26
27
28
29
30

1	submarine volcano	16	barnacles [bɑ́:nəklz]
2	bathyscaphe [bǽθiskæf]	17	sea cucumber [kjú:kəmbə]
3	sea lily	18	dead-man's fingers
4	strong box	19	tube snail
5	tangle	20	horseshoe crab [hɔ́:sʃu:]
6	agar-agar [éigɑ-éigɑ]	21	jellyfish
7	seaweed	22	eel
8	moray eel [mɔ́:rei]	23	pipe fish
9	coral	24	sea anemone [ənéməni]
10	sea lettuce [létis]	25	chiton [káitɑn]
11	bath sponge [bǽθ spʌ́ndʒ]	26	sand dollar
12	feather-duster worm	27	sea urchin [ə́:tʃin]
13	green laver [léivə]	28	chameleon shrimp [kəmí:liən ʃrímp]
14	sea lamprey [lǽmpri]	29	starfish
15	octopus-pot [ɑ́ktəpəs-pɑt]	30	box fish

SEA

海④

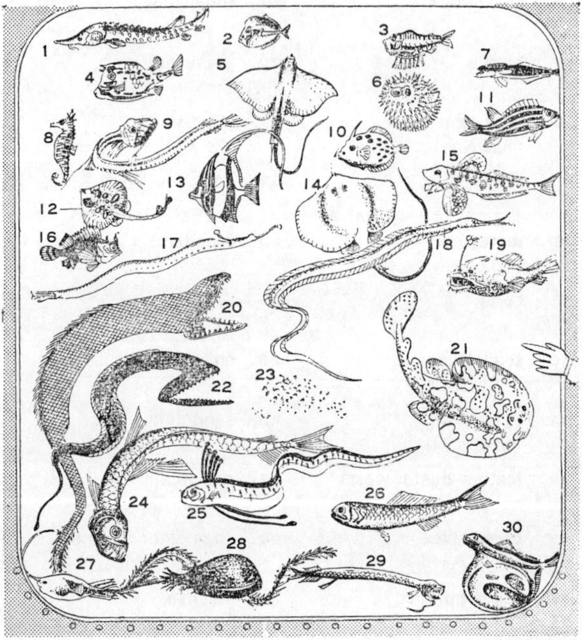
1
2
3
4
5
6
7
8
9
10
11
12
13
14
15
16
17
18
19
20
21
22
23
24
25
26
27
28
29
30

1	sturgeon [stə́:dʒən]	16	scorpion fish
2	moonfish	17	telescopic eyes
3	hatchet fish	18	snipe eel [snɑip]
4	cowfish	19	devilfish
5	eagle ray	20	deep-sea eel
6	porcupine fish	21	electric ray
7	remora	22	gulper [gʌ́lpə]
8	seahorse	23	plankton
9	baby sea dragon	24	luminous viper fish
10	filefish	25	roosterfish
11	squirrel fish	26	lanternfish
12	skate	27	linophryne
13	moorish idol	28	sea devil
14	sting-ray	29	predaceous
15	gurnard	30	chiasmodon niger

SKY

空

1
2
3
4
5
6
7
8
9
10
11
12
13
14
15
16
17
18
19
20
21
22
23
24
25
26
27
28
29
30

1	**crescent moon** [krésənt]	16	**observation balloon**
2	**space station**	17	**altocumulus**
3	**star**	18	**stratocumulus** [stréitkju:mjuləs]
4	**shooting star**	19	**nimbostratus**
5	**docking**	20	**lightning** [láitniŋ]
6	**aurora** [ɔ:rɔ́:rə]	21	**vapor trail**
7	**astronaut** [ǽstrənɔ:t]	22	**formation flight**
8	**sputnik** [spú:tnik]	23	**stratus** [stréitəs]
9	**orbit** [ɔ́:bit]	24	**pileus** [píliəs]
10	**cirrus** [sírəs]	25	**flying saucer** [sɔ́:sə]
11	**cirrostratus** [siroustréitəs]	26	**mist**
12	**cirrocumulus**	27	**rainbow**
13	**altostratus** [ǽltoustrɑ́:təs]	28	**umbrella cloud**
14	**cumulonimbus**	29	**witch** [witʃ]
15	**cumulus** [kjú:mjuləs]	30	**broom** [bru:m]

NIGHT SKY

夜空①

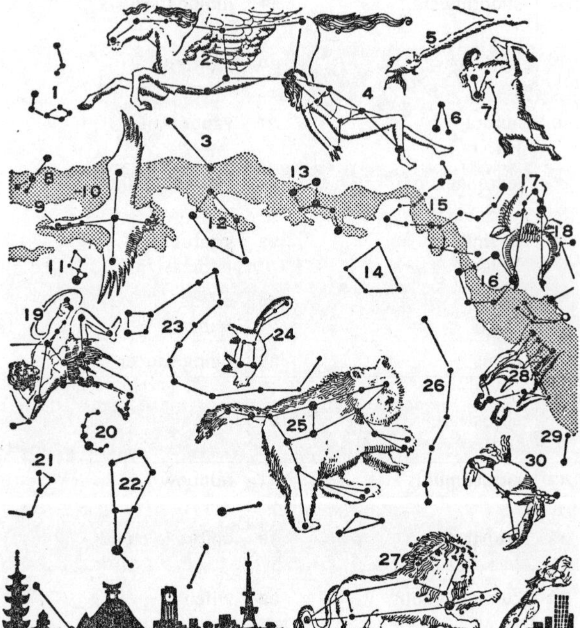

1	**Delphinus** [delfáinəs]	16	**Auriga** [ɔ:ráigə]
2	**Pegasus** [pégəsəs]	17	**Taurus** [tɔ́:rəs]
3	**Lacerta** [ləsə́:tə]	18	**Orion** [əráiən]
4	**Andromeda** [ændrɑ́midə]	19	**Hercules** [hə́:kjuli:z]
5	**Pisces** [písi:z]	20	**Corona borealis** [bɔ:riéilis]
6	**Triangulum**	21	**Serpens** [sə́:penz]
7	**Aries** [ɛ́:ri:z]	22	**Boötes** [bouóuti:z]
8	**Sagitta** [sədʒítə]	23	**Draco** [dréikou]
9	**Cygnus** [sígnəs]	24	**Ursa Minor** [ə́:sə]
10	**Milky Way**	25	**Ursa Major**
11	**Lyra** [láirə]	26	**Lynx** [liŋks]
12	**Cepheus** [sí:fju:s]	27	**Leo** [lí:ou]
13	**Cassiopeia** [kæsiəpí:ə]	28	**Gemini** [dʒímini]
14	**Camelopardalis** [kəmeləpɑ́:dəlis]	29	**Canis Minor** [kéinis]
15	**Perseus** [pə́:siəs]	30	**Cancer** [kǽnsə]

NIGHT SKY

夜空②

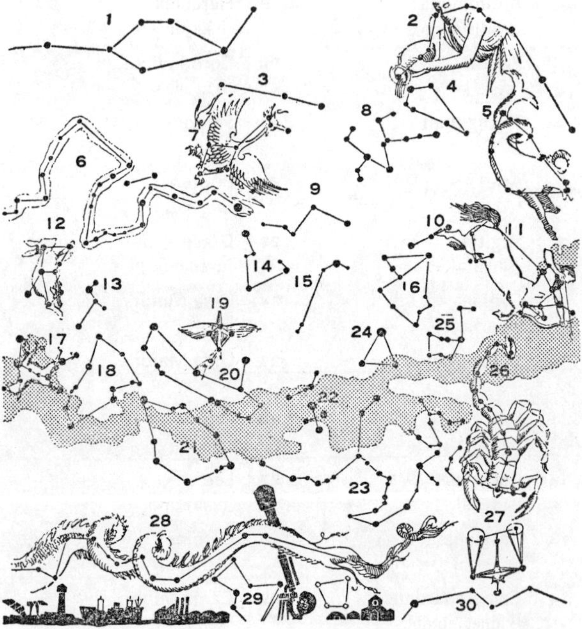

1	Cetus [sí:təs]	16	Pavo [péivou]
2	Aquarius [əkwέ:riəs]	17	Canis Major [kéinis]
3	Sculptor [skʌ́lptə]	18	Puppis [pʌ́pis]
4	Piscis austrinus [písi:z ɔ́strinəs]	19	Volans [vɑ́lənz]
5	Capricornus [kæprikɔ́:nəs]	20	Carina [kəráinə]
6	Eridanus [irídənəs]	21	Vela [ví:lə]
7	Phoenix [fí:niks]	22	Southern Cross
8	Grus [grʌs]	23	Centaurus [sentɔ́:rəs]
9	Tucana [tju:kéinə]	24	Triangulum australe
10	Corona australis [ɔ:stréilis]	25	Ara
11	Sagittarius [sǽdʒitέ:riəs]	26	Scorpius [skɔ́:piəs]
12	Lepus [lí:pəs]	27	Libra [láibrə]
13	Columba [kəlʌ́mbə]	28	Hydra [háidrə]
14	Hydrus [háidrəs]	29	Crater [kréitə]
15	Octans [ɑ́ktənz]	30	Virgo [və́:gou]

解説　1968年の物質社会の地図帳

マーティン・ジャナル
（Martin Janal）

現代の読者の皆さんへ

自分が経験したことの無い時代にノスタルジーを感じることがあるだろうか？　この英絵辞典を手に取られた方は、そのような感覚をお持ちになるのではないだろうか。故・真鍋博といえば、未来を想像したイラストレーターだ。しかし、本書は彼自身の時代の創造物で埋め尽くされている。『英絵辞典』の初版は1968年12月に出版された。20世紀の歴史の流れの中で、1968年は激動の年のひとつだったと言えるだろう。同年1月の旧正月、ベトナムではテト攻勢が展開され、米軍は壊滅的な敗北をした。学生運動がアメリカ、そしてメキシコ、ヨーロッパ、日本へと波及していった。キング牧師、ロバート・ケネディらの著名人の暗殺事件は世界を震撼させた。アメリカ各地で混乱を巻き起こした。ヨーロッパではソ連がプラハの春を制圧し、東欧での覇権を確保するためにチェコスロバキアに侵攻した。日本では過激派に支持された農民たちが、新東京国際空港の建設用地・三里塚の接収に抵抗した。1968年11月、アメリカはリチャード・ニクソンという不適切な人物を大統領に選んでしまった（残念ながらこのような出来事は繰り返されている)。これらの出来事は歴史のターニングポイントだったのだろうか?

もっと大局的な見地に立てば、『英絵辞典』が描いたように、物質的な社会は相対的に安定していたと言えるだろう。その後の技術革新、社会変動を考えれば、時代遅れなものが多いが、お馴染みの変わっていないものたちも少なくない。パン切り包丁 bread knife は bread knife のままである。まさに現代的なものに変化しつつあるものもある。これは電化時代の幕開け期の物質的文化の地図帳である。現代の日常品はまだ現れていないし、フロッピーディスクや8トラックのカセットのようにその後現れたのに、現在では絶滅してしまっているものもある。『英絵辞典』は、これから1968年にタイムトラベルする旅行者へのガイドブックだと仮定することもできる。目次(本書ちくま文庫版では索引として収録)に描かれた街の風景を俯瞰するだけで、当時の日常生活の喧騒を予感することができるだろう。

『英絵辞典』は絵的な百科事典であり、これは英語の語彙、とくに西洋の日常的生活に関連した語彙を教えるという高い目的を有している。しかし単語数は膨大で、基本単語や役に立つ単語の範囲をはるかに超えている。社会的な考察が含まれているわけでもなければ、国が特定されているわけでもない。アメリカ合衆国のようにみえるが、他の国を感じさせる部分もある。畳や着物、寿司屋、そして温泉すら描かれていないことから、日本ではないことは明らかだろう。ここでは真鍋博の世界、または短くＭ世界と呼ぼう。そのＭ世界のたいていの事象は、表面的には整然としている。兵士や武器も描かれているが、戦争や廃墟はない。国境や入国審査場はあるが、難民はいない。鉱山や工場はあるが、ストライキや公害は描かれていない。Ｍ世界の教科書的な側面ばかりに目を取られて、絵の中に潜む小さな、ユーモアのある事物を見逃さないようにしていただきたい。

Ｍ世界に到着したタイムトラベラーが、家具や道具、服、食料品、ペット、靴、帽子、宝飾品、おもちゃなどを見ていたら、とくに驚くようなことはないだろう。人間の形や機能と密接に関連したものだからである。食料品も豊富で、熱帯のフルーツも並んでいるところに、流通の観点において地球が小さくなっていることが感じられる。カメラ店や暗室（86～89ページ）に最初の「カルチャーショック」を感じるかもしれない。カメラの中にはお宝的な骨董品として馴染みのあるものあるかもしれないが、現像するまで何が写っているかわからない時代なんて、想像できないかもしれない。電器屋（90～93ページ）も骨董品が並んでいるが、基本機能は同じながらも、現代のものは、力が要らなく便利で使って楽しくなるような工夫が施されているところに違いがある。タイムトラベラーは、人々の仕事や余暇の過ごし方にはあまり大きな変化がないことに気がつく。世の中を変えたのは、会社③、④（330～333ページ）などに描かれているCPU（central processing unit）だ。これらのページに、電子データの収集と集積、情報化社会の始まりをみることができる。幸か不幸か、世界のつながりを実感できるようになる一方、プライバシーはなくなってしまった。

楽しそうでバラ色に見える世界の細部に目を向けると発見があり、それが本書の魅力となっている。余暇に関係する場所は理想郷ではない。川（406～407ページ）では覗き見をしている「デバガメ」Peeping Tomがいれば、海②（414～415ページ）では崖から身を投げる自殺者が描かれている。陸軍基地②（386～387ページ）にはMPに追われるdeserterもいる。砂漠では喉の渇きから死にかけている人間、港では溺死者もいる。駅②（146～147ページ）にはスリもいれば、百貨店（140～141ページ）には万引きもいる。学園（290～291ページ）ではagitatorが少人数の関心を引いていれば、teach-inをしている人たちもいる。タバコ店（100～101ページ）の外に立つ男のchain smokerぶりはすざまじい。空港⑤（364～365ページ）のairsick manは飛行機に酔っただけではないだろう。彼の前にはたくさんの空き瓶が並んでいるところを見ると、機内サービスで飲み過ぎてしまったことは明らかだ。映画スタジオ（338～339ページ）のゴジラのようなmonsterは小さな船を踏みつぶさんとしている。どこの教会（340～341ページ）にもhunchbackがいるようだし、墓地（398～399ページ）にはFrankensteinやDracula、ghost、そしてgrave diggerがいる。教室②（294～295ページ）の女性教師はベテランのようだが、数字がはみ出しているところを見ると、板書は得意ではなさそうだ。学園（290～291ページ）の体育館では、ボールが屋根を突き抜けてしまった。浴室（24～25ページ）では、鏡に映る男性も見逃さないでほしい。他にもユーモアに富んだ光景があちこちにある。皆さんもぜひお気に入りのシーンやアイテムを見つけてほしい。

タイムトラベルから現代に戻る前に、もう一度、M世界を眺めてみよう。図書館（316～317ページ）には1968年のある日の新聞が開かれている。1968年といえば、川端康成が日本人初となるノーベル文学賞を受賞した年だ。M世界には書店が描かれていないのは残念だが、図書館には川端の本が収蔵されているはずだ。喫茶店も描かれていない。私は書店にコーヒーショップが併設されているのが嫌いなので、個人的にはM世界の方が居心地が良いかもしれない。1968年以降、インターネットが出現し、ヒューマンゲノムプロジェクト、ジェンダー役割の変化、核廃棄物、気候変動、環境問題などなど、新たな事象や課題が生まれてきた。もしあなたが、これから1968年にタイムトラベルするのならば、スマホや携帯電話は置いていくことをお勧めしよう。どうせだれも連絡して来ないのだから。そしてセルフィー（自撮り）はやめておこう。挙動不審なことこのうえない。

2017年3月ニューヨークで記す

（古生物学者・古書研究家・日本文化ファン）

・本書は1968年12月に光文社のカッパ・ブックスの1冊として刊行されました。
・現在ではあまり使われないような語句、当時の社会情勢を踏まえた記述もありますが、筆者が故人であること、作品の時代的背景をかんがみ刊行時のままとしたものもあることをご了承ください。
・一部の単語については、著作権者の了解のもと、監修者によりカッパ・ブックス版からの訂正、改訂を行いました。
・433から439ページは、カッパ・ブックス版では、目次に使われていたイラストです。ちくま文庫版では、場面の索引として「M世界」をお楽しみください。

M 世界的索引

P.422~P.425
P.420
P.404
P.392
P.390
P.398
P.394
P.402
MINE
P.396
P.406
P.400
HOTEL
P.408
P.410
P.412~P.419

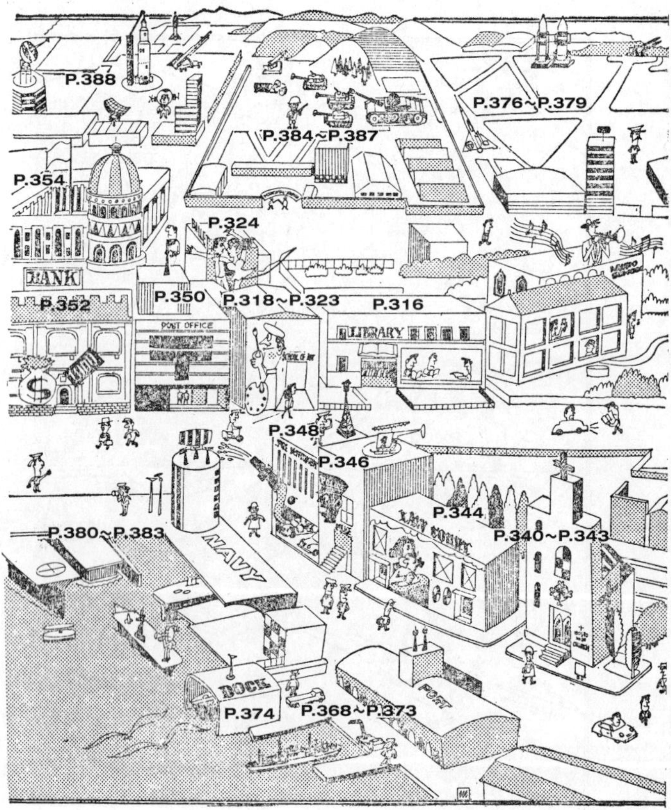
P.388
P.376~P.379
P.384~P.387
P.354
P.324
BANK
P.352
P.350
P.318~P.323
P.316
POST OFFICE
LIBRARY
P.348
P.346
P.344
P.340~P.343
P.380~P.383
NAVY
DOCK
P.374
P.368~P.373
PORT

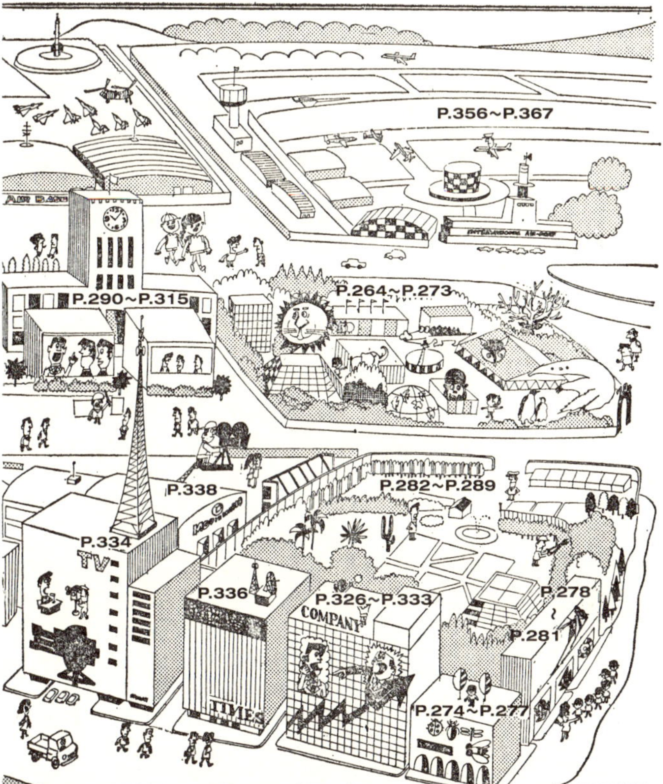
P.356~P.367
P.290~P.315
P.264~P.273
P.338
P.282~P.289
P.334
TV
P.336
P.326~P.333
COMPANY
P.278
~
P.281
TIMES
P.274~P.277

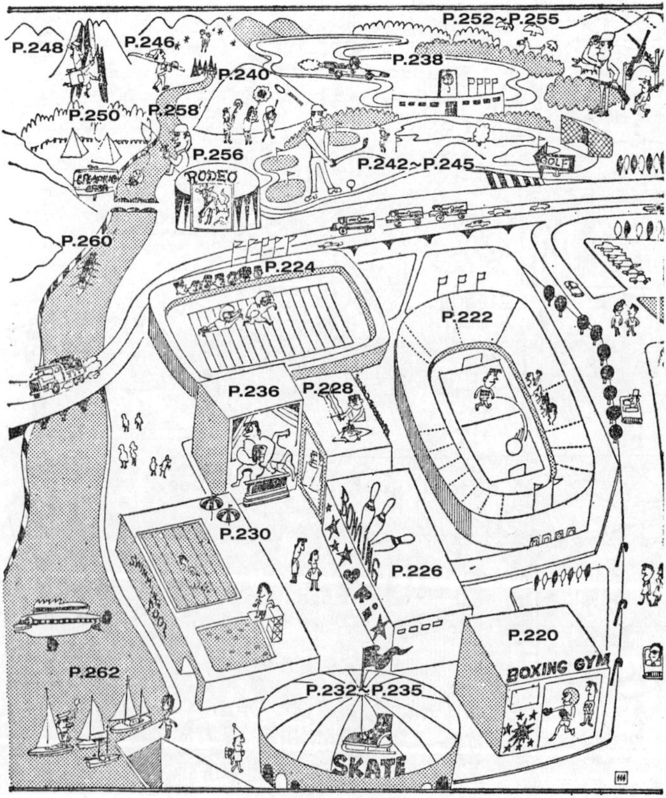
P.248
P.246
P.240
P.252~P.255
P.238
P.250
P.258
P.256
RODEO
P.242~P.245
GOLF
P.260
P.224
P.222
P.236
P.228
P.230
BOWLING
P.226
P.220
BOXING GYM
P.232~P.235
SKATE
P.262

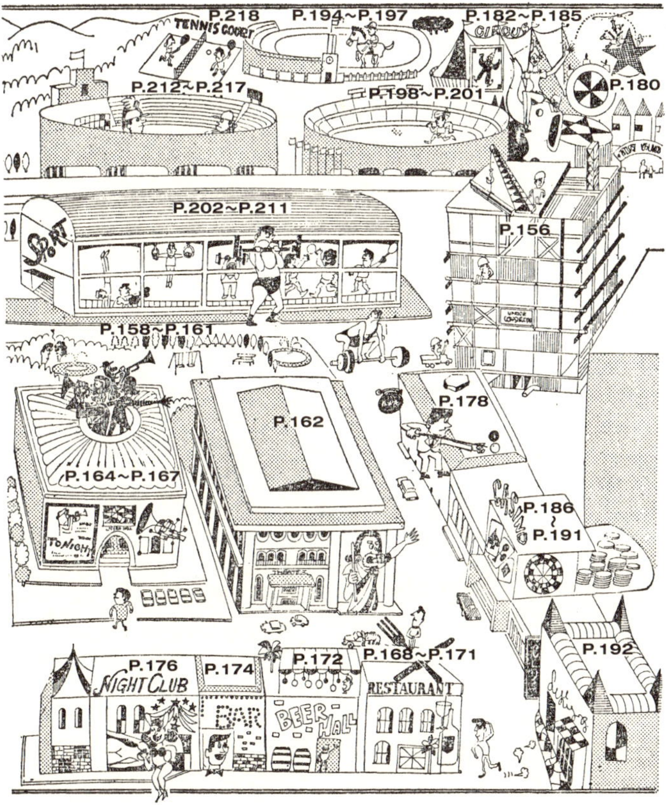
P.218
TENNIS COURT
P.194~P.197
P.182~P.185
CIRCUS
P.180
P.212~P.217
P.198~P.201
P.202~P.211
SPORT
P.156
P.158~P.161
P.178
P.162
P.164~P.167
TONIGHT
P.186
~
P.191
CASINO
P.192
P.176
NIGHT CLUB
P.174
BAR
P.172
BEER HALL
P.168~P.171
RESTAURANT

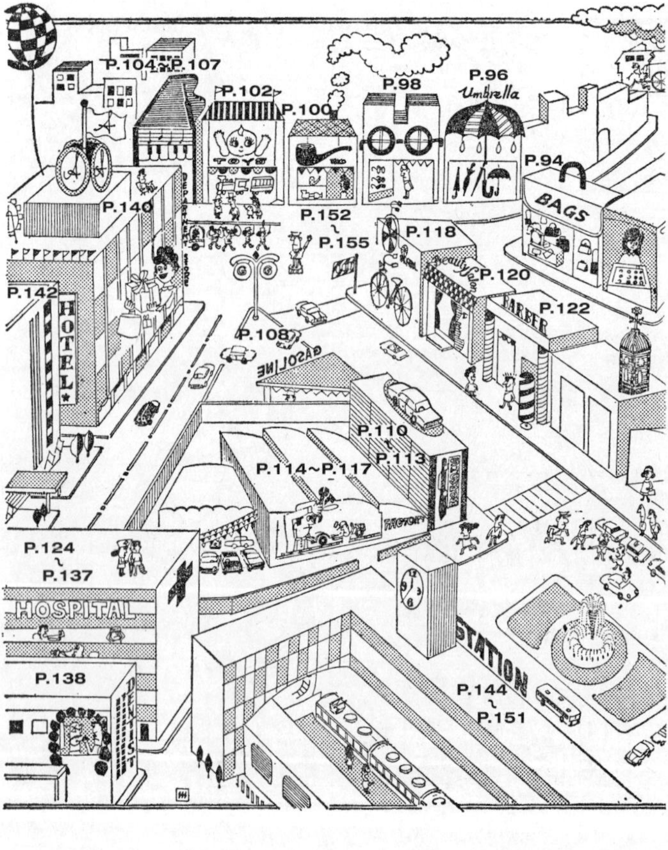
P.104~P.107
P.102
TOYS
P.100
P.98
P.96
Umbrella
P.94
BAGS
P.140
P.152
~
P.155
P.118
Beauty Salon
P.120
BARBER
P.122
P.142
HOTEL
P.108
GASOLINE
P.110
~
P.113
P.114~P.117
FACTORY
P.124
~
P.137
HOSPITAL
P.138
DENTIST
STATION
P.144
~
P.151

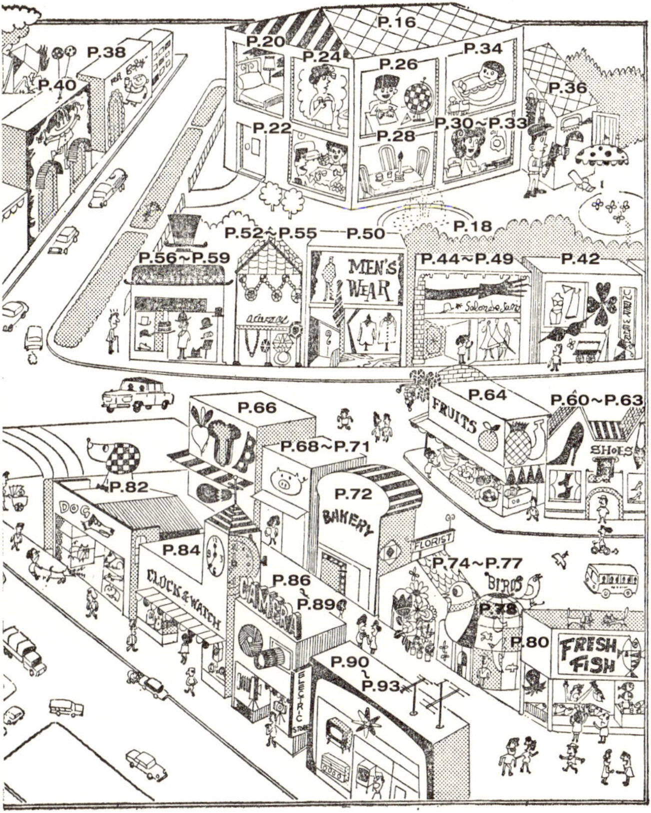
P.16
P.20
P.24
P.26
P.34
P.38
P.40
P.36
P.22
P.28
P.30~P.33
P.18
P.52~P.55
P.50
P.56~P.59
MEN'S WEAR
P.44~P.49
P.42
P.64
FRUITS
P.60~P.63
SHOES
P.66
P.68~P.71
P.82
DOG
P.72
BAKERY
FLORIST
P.84
CLOCK & WATCH
P.74~P.77
BIRDS
P.86~P.89
CAMERA
P.78
P.80
FRESH FISH
P.90~P.93
ELECTRIC

いつも夢中になったり飽きてしまったり　植草甚一

男子の憧れJ・J氏。欧米の小説やジャズ、ロックへの造詣、ニューヨークや東京の街歩き。今なお新鮮さを失わない感性で綴られる入門書的エッセイ集。

ぼくは散歩と雑学がすき　植草甚一

１９７０年、遠かったアメリカ。その風俗、映画、本、音楽から政治までをフレッシュな感性と膨大な知識、貪欲な好奇心で描き出す代表エッセイ集。

その他の外国語エトセトラ　黒田龍之助

英語、独語などメジャーな言語ではないけれど、世界のどこかで使われている外国語。それにまつわる面白いけど役に立たないエッセイ集。（菊池良生）

ポケットに外国語を　黒田龍之助

言葉への異常な愛情で、外国語本来の面白さを伝えるエッセイ集。ついでに外国語学習が、もっと楽しくなるヒントもつまっている。（堀江敏幸）

独学のすすめ　加藤秀俊

教育の混迷と意欲の喪失には出口が見えないが、ＩＴ技術は「独学」の可能性を広げている。「やる気」という視点から教育の原点に迫る。（竹内洋）

真鍋博のプラネタリウム　真鍋博　星新一

名コンビ真鍋博と星新一。二人の最初の作品『おーい　でてこーい』他、星作品に描かれた挿絵と小説冒頭をまとめた幻の作品集。（真鍋真）

超発明　真鍋博

昭和を代表する天才イラストレーターが、唯一無二のＳＦ的想像力と未来的発想で〝夢のような発明品〟１２９例を描き出す幻の作品集。（川田十夢）

英熟語記憶術　岩田一男

英語のマスターは熟語の征服にかかっている！　単語を英語的な発想法で系統的にとらえることにより、派生する熟語を自然に理解できるよう目指す。

英単語記憶術　岩田一男

単語を構成する語源を捉えることで、語の成り立ちを理解することを説き、丸暗記では得られない体系的な英単語習得を提案する50年前の名著復刊。

英語に強くなる本　岩田一男

昭和を代表するベストセラー、待望の復刊。暗記やテクニックではなく本質を踏まえた学習法は今も新鮮なわかりやすさをお届けします。（晴山陽一）

青春怪談　獅子文六

婚約を約束するもお互いの夢や希望を追いかける慎一と千春は、周囲の横槍や思惑、親同士の関係からドタバタ劇に巻き込まれていく。（山崎まどか）

自由学校　獅子文六

しっかり者の妻とぐうたら亭主に起こった夫婦喧嘩をきっかけに、戦後の新しい価値観をコミカルかつ鋭い感性と痛烈な風刺で描いた代表作。（戌井昭人）

悦ちゃん　獅子文六

ちょっぴりおませな女の子、悦ちゃんがのんびり屋の父親の再婚話をめぐって東京中を奔走するユーモアと愛情に満ちた物語。初期の代表作。（窪美澄）

七時間半　獅子文六

東京―大阪間が七時間半かかっていた昭和30年代、特急「ちどり」を舞台に乗務員とお客たちのドタバタ劇を描く隠れた名作が遂に甦る。（千野帽子）

娘と私　獅子文六

文豪、獅子文六が作家としても人間としても激動の時間を過ごした昭和初期から戦後、愛娘の成長とともに自身の半生を描いた亡き妻に捧げる自伝小説。

てんやわんや　獅子文六

戦後のどさくさに慌てふためくお人好し犬丸順吉は社長の特命で四国へ身を隠すが、そこは想像もつかない楽園だった。しかしそこは……。（平松洋子）

コーヒーと恋愛　獅子文六

恋愛は甘くてほろ苦い。とある男女が巻き起こす恋模様をコミカルに描く昭和の傑作が、現代の「東京」によみがえる。（曽我部恵一）

土屋耕一のガラクタ箱　土屋耕一

広告の作り方から回文や俳句まで、「ことば」を操り、瑞々しい世界を見せるコピーライター土屋耕一のエッセンスが凝縮された一冊。（松家仁之）

こんなコラムばかり新聞や雑誌に書いていた　植草甚一

ヴィレッジ・ヴォイスから筒井康隆まで夜を徹して読書三昧。大評判だった中間小説研究も収録したＪ・Ｊ式ブックガイドで「本の読み方」を大公開！

雨降りだからミステリーでも勉強しよう　植草甚一

１９５０～60年代の欧米のミステリー作品の圧倒的で、貴重な情報が詰まった一冊。独特の語り口で書かれた文章は何度読み返しても新しい発見がある。

コメント力　齋藤孝

オリジナリティのあるコメントを言えるかどうかで「おもしろい人」、「できる人」という評価が決まる。優れたコメントに学べ！

段取り力　齋藤孝

仕事でも勉強でも、うまくいかない時は「段取りが悪かったのではないか」と思えば道が開かれる。段取り名人となるコツを伝授する！（池上彰）

質問力　齋藤孝

コミュニケーション上達の秘訣は質問力にあり！これさえ磨けば、初対面の人からも深い話が引き出せる。話題の本の、待望の文庫化。（斎藤兆史）

おしゃべりの思想　外山滋比古

人前で話すのが上手な人はおしゃべりが多い？しかしことばの使い方次第で人生が大きく変わることもある。あなたは話すことに自信がありますか？

空気の教育　外山滋比古

子どもを包む家庭や学校の空気こそ、最も深いところに作用する。押し付けや口先だけの注意では子どもに届かない。斬新な教育エッセイ。

異本論　外山滋比古

表現は人に理解されるたびに変化する、それが異本である。読者は自由な読み方をしてよいのだ、著者の意図など考慮せずに。画期的な読者論。

アイディアのレッスン　外山滋比古

しなやかな発想、思考を実生活に生かすには？たんなる思いつきを〝使えるアイディア〟にする方法をお教えします。『思考の整理学』実践篇。

ライフワークの思想　外山滋比古

自分だけの時間を作ることは一番の精神的肥料になる、前進だけが人生ではない——。時間を生かして、ライフワークの花を咲かせる貴重な提案。

「読み」の整理学　外山滋比古

読み方には、既知を読むアルファ（おかゆ）読みと、未知を読むベータ（スルメ）読みがある。リーディングの新しい地平を開く目からウロコの一冊。

思考の整理学　外山滋比古

アイディアを軽やかに離陸させ、思考をのびのびと飛行させる方法を、広い視野とシャープな論理で知られる著者が、明快に提示する。

かかわり方のまなび方　西村佳哲

「仕事」の先には必ず人が居る。自分を人を十全に活かすこと。それが「いい仕事」につながる。その方策を探った働き方研究第三弾。（向谷地生良）

自分をいかして生きる　西村佳哲

「いい仕事」には、その人の存在まるごと入ってるんじゃないか。『自分の仕事をつくる』から6年、長い手紙のような思考の記録。（平川克美）

自分の仕事をつくる　西村佳哲

仕事をすることは会社に勤めること、ではない。仕事を「自分の仕事」にできた人たちに学ぶ、働き方のデザインの仕方とは。（稲本喜則）

半年で職場の星になる！ 働くためのコミュニケーション力　山田ズーニー

職場での人付合いや効果的な「自己紹介」の仕方など最初の一歩から、企画書、メールの書き方など実践的技術まで。会社で役立つチカラが身につく本。

あなたの話はなぜ「通じない」のか　山田ズーニー

進研ゼミの小論文メソッドを開発し、考える力、書く力の育成に尽力してきた著者が「話が通じるための技術」を基礎のキソから懇切丁寧に伝授！

論語　齋藤孝訳

「学ぶ」ことを人生の軸とする。——読み直すほどに新しい東洋の大古典『論語』。読みやすい現代語訳に原文と書き下し文をあわせ収めた新定番。

現代語訳 文明論之概略　福澤諭吉　齋藤孝＝訳

「文明」の本質と時代の課題を、鋭い知性で捉え、巧みな文体で説く。福澤諭吉の最高傑作にして近代日本を代表する重要著作が現代語でよみがえる。

やる気も成績も必ず上がる家庭勉強法　齋藤孝

勉強はやれば必ずできるようになる！　ちょっとしたコツで勉強が好きになり、苦痛が減る方法を伝授する。家庭で親が子どもと一緒に学べる方法とは？

齋藤孝の企画塾　齋藤孝

「企画」は現実を動かし、実現してこそ意義がある。成功の秘訣は何だったかを学び、「企画力」の鍛え方を初級編・上級編に分けて解説する。（岩崎夏海）

齋藤孝の速読塾　齋藤孝

二割読書法、キーワード探し、呼吸法から本の選び方まで著者が実践する「脳が活性化し理解力が高まる」夢の読書法を大公開！（水道橋博士）

ぼくは本屋のおやじさん　早川義夫

22年間の書店としての苦労と、お客さんとの交流。どこにもありそうで、ない書店。30年来のロングセラー！　（大槻ケンヂ）

たましいの場所　早川義夫

「恋をしていいのだ。今を歌っていくのだ」。心を揺るがす本質的な言葉。文庫用に最終章を追加。帯文＝宮藤官九郎　オマージュエッセイ＝七尾旅人

文庫本を狙え！　坪内祐三

20年に及ぶ週刊文春の名物連載「文庫本を狙え！」。そのスタートから4年間・171話分を収録。文庫出版をめぐる生きた記録。　（平尾隆弘）

新版 熱い読書 冷たい読書　辻原登

文字ある限り、何ものにも妨げられず貪欲に読み込み、現出する博覧強記・変幻自在の小宇宙。第67回毎日出版文化賞書評賞受賞作。　（刈谷政則）

増補版 誤植読本　高橋輝次編著

本と誤植は切っても切れない!? 恥ずかしい打ち明け話や、校正をめぐるあれこれなど、作家たちが本音を語り出す。作品42篇収録。　（堀江敏幸）

旅に出る ゴトゴト揺られて本と酒　椎名誠

旅の読書は、漂流モノと無人島モノと一点こだわりガンコ本！　本と旅とそれから派生していく自由な思いのつまったエッセイ集。　（竹田聡一郎）

夕陽妄語1（全3巻）　加藤周一

高い見識に裏打ちされた時評は時代を越えて普遍性を持つ。政治から文化まで、二〇世紀後半からの四半世紀を、加藤周一はどう見たか。　（成田龍一）

消えたい　高橋和巳

自殺欲求を「消えたい」と表現する、親から虐待された人々。彼らの育ち方、その後の人生、苦しみを丁寧にたどり、人間の幸せの意味を考える。（橋本治）

人は変われる　高橋和巳

人は大人になった後でこそ、自分を変えられる。多くの事例をあげ「運命を変えて、どう生きるか」を考察した名著、待望の文庫化。　（中江有里）

子は親を救うために「心の病」になる　高橋和巳

子は親が好きだからこそ「心の病」になり、親を救おうとしている。精神科医である著者が説く、親子という「生きづらさ」の原点とその解決法。

自由な自分になる本 増補版　服部みれい

呼吸法、食べもの、冷えとり、数秘術、前世療法などで、からだもこころも魂も自由になる。文庫化にあたり一章分書き下ろしを追加。（川島小鳥）

味方をふやす技術　藤原和博

他人とのつながりがなければ、生きてゆけない。でも味方をふやすためには、嫌われる覚悟も必要だ。ほんとうに豊かな人間関係を築くために！

あたらしい自分になる本 増補版　服部みれい

著者の代表作。心と体が生まれ変わる知恵の数々。文庫化にあたり新たな知恵を追加。冷えとり、アーユルヴェーダ、ホ・オポノポノetc.（辛酸なめ子）

人生の教科書
［よのなかのルール］　藤原和博／宮台真司

〝バカを伝染（うつ）さない〟ための「成熟社会へのパスポート」です。大人と子ども、お金と仕事、男と女と自殺のルールを考える。（重松清）

月刊佐藤純子　佐藤ジュンコ

注目のイラストレーター（元書店員）のマンガエッセイが大増量してまさかの文庫化！　仙台の街や友人との日常を描く独特のゆるふわ感はクセになる！

人生の教科書
［人間関係］　藤原和博

人間関係で一番大切なことは、相手に「！」を感じてもらうことだ。そのための、すぐに使えるヒントが詰まった一冊。（茂木健一郎）

わたしの小さな古本屋　田中美穂

会社を辞めた日、古本屋になることを決めた。倉敷の空気、古書がつなぐ人の縁、店の生きものたち……。女性店主が綴る蟲文庫の日々。（早川義夫）

人生の教科書
［情報編集力をつける国語］　藤原和博／重松清／橋本治

コミュニケーションツールとしての日本語力＝情報編集力をつけるのが国語。重松清の小説と橋本治の古典で実践教科書を完成。（平田オリザ）

貧乏は幸せのはじまり　岡崎武志

著名人の極貧エピソードからユーモア溢れる生活の知恵まで、幸せな人生を送るための「貧乏」のススメ！　巻末に荻原魚雷氏との爆笑貧乏対談を収録。

昭和三十年代の匂い　岡崎武志

テレビ購入、不二家、空地に土管、トロリーバス、くみとり便所、少年時代の昭和三十年代の記憶をたどる。巻末に岡田斗司夫氏との対談を収録。

新恋愛講座　三島由紀夫

恋愛とは？　西洋との比較から具体的な技巧まで懇切丁寧に説いた表題作、「おわりの美学」「若きサムライのために」を収める。（田中美代子）

反貞女大学　三島由紀夫

魅力的な反貞女となるためのとっておきの16講義（表題作）と、三島が男の本質を明かす「第一の性」収録。（田中美代子）

肉体の学校　三島由紀夫

裕福な生活を謳歌している三人の離婚成金。〝年増園〟の例会はもっぱら男の品定め。そんな一人がニヒルで美形のゲイ・ボーイに惚れこみ……。（群ようこ）

三島由紀夫レター教室　三島由紀夫

五人の登場人物が巻き起こす様々な出来事を手紙で綴る。恋の告白・借金の申し込み・見舞状等、一風変ったユニークな文例集。（群ようこ）

回転ドアは、順番に　穂村弘／東直子

ある春の日に出会い、そして別れるまで。気鋭の歌人ふたりが、見つめ合い呼吸をはかりつつ投げ合う、スリリングな恋愛問答歌。（金原瑞人）

絶叫委員会　穂村弘

町には、偶然生まれては消えてゆく無数の詩が溢れている。不合理でナンセンスで真剣だからこそ可笑しい、天使的な言葉たちへの考察。（南伸坊）

なんらかの事情　岸本佐知子

エッセイ？　妄想？　それとも短篇小説？　……モヤッとするのに心地よい！　翻訳家・岸本佐知子の頭の中を覗くような可笑しな世界へようこそ！

ねにもつタイプ　岸本佐知子

何となく気になることにこだわる、ねにもつ。思索、奇想、妄想はばたく脳内ワールドをリズミカルな名短文でつづる。第23回講談社エッセイ賞受賞。

青春と変態　会田誠

著者の芸術活動の最初期にあり、高校生男子の暴発するエネルギーを、日記形式の独白調で綴る変態的青春小説もしくは青春的変態小説。（松蔭浩之）

うれしい悲鳴をあげてくれ　いしわたり淳治

作詞家、音楽プロデューサーとして活躍する著者の小説＆エッセイ集。彼が「言葉」を紡ぐと誰もが楽しめる「物語」が生まれる。（鈴木おさむ）

昭和前期の青春　山田風太郎

名著『戦中派不戦日記』の著者が、その生い立ちと青春を時代背景と共につづる。「太平洋戦争私観」「私と昭和」等、著者の原点がわかるエッセイ集。

秀吉はいつ知ったか　山田風太郎

中国大返しに潜む秀吉の情報網と権謀を推理する「秀吉はいつ知ったか」他「歴史」をテーマにした文章を中心に選んだ奇想の裏側が窺えるエッセイ集。

ぽんこつ　阿川弘之

文豪が残した昭和のエンタメ小説！　時は昭和30年代、知り合った自動車解体業「ぽんこつ屋」の若者と女子大生。その恋の行方は？（阿川佐和子）

カレーライスの唄　阿川弘之

会社が倒産した！　どうしよう。美味しいカレーライスの店を始めよう。若い男女の恋と失業と起業の奮闘記。昭和娯楽小説の傑作。（平松洋子）

酒呑みの自己弁護　山口瞳

酒場で起こった出来事、出会った人々を通して、世態風俗の中に垣間見える人生の真実をスケッチする。イラスト＝山藤章二。（大村彦次郎）

江分利満氏の優雅な生活　山口瞳

卓抜な人物描写と世態風俗の鋭い観察によって昭和一桁世代の悲喜劇を鮮やかに描き、高度経済成長期前後の一時代をくっきりと刻む。（小玉武）

最高殊勲夫人　源氏鶏太

野々宮杏子と三原三郎は家族から勝手な結婚話を迫られるも協力してそれを回避する。しかし徐々に惹かれ合うお互いの本当の気持ちは……。（千野帽子）

青空娘　源氏鶏太

主人公の少女、有子が不遇な境遇から幾多の困難にぶつかりながらも健気にそれを乗り越え希望を手にする日本版シンデレラ・ストーリー。（山内マリコ）

恋の都　三島由紀夫

敗戦の失意で切腹したはずの恋人が思いもよらない姿で眼の前に。復興著しい、華やかな世界を舞台に繰り広げられる恋愛模様。（千野帽子）

命売ります　三島由紀夫

自殺に失敗し、「命売ります。お好きな目的にお使い下さい」という突飛な広告を出した男のもとに、現われたのは？（種村季弘）

ちくま文庫

英《えい》絵《え》辞《じ》典《てん》　目《め》から覚《おぼ》える６０００単語《たんご》

二〇一七年五月十日　第一刷発行

著　者　岩田一男（いわた・かずお）

真鍋博（まなべ・ひろし）

発行者　山野浩一

発行所　株式会社　筑摩書房

東京都台東区蔵前二—五—三　〒一一一—八七五五

振替〇〇一六〇—八—四一二三

装幀者　安野光雅

印刷所　株式会社精興社

製本所　株式会社積信堂

乱丁・落丁本の場合は、左記宛にご送付下さい。

送料小社負担でお取り替えいたします。

ご注文・お問い合わせも左記へお願いします。

筑摩書房サービスセンター

埼玉県さいたま市北区櫛引町二—六〇四　〒三三一—八五〇七

電話番号　〇四八—六五一—〇〇五三

ISBN978-4-480-43442-5　C0182